현지에서 찐으로 통하는

일본어 회화

일본어교재연구원 엮음

도서
출판 YEGA

01 상황별로 엮은 일본어 회화로 빠르게 익힌다

단지 많은 단어를 외우고 있다고 해서 다양한 표현을 할 수 있는 것은 아니며 모국어가 아닌 이상 갑자기 닥친 상황에 빠르게 대처할 수 있는 사람은 많지 않습니다. 이 책은 가장 많이 일어나는 상황에 맞는 회화를 익힐 수 있도록 구성하여 실제적인 표현과 갑자기 맞닥뜨리게 될 여러 가지 경우를 제시함으로써 다양한 언어 구사 능력을 발휘할 수 있을 뿐만 아니라 초보자에게는 자신감을 안겨줄 것입니다.

02 현지인의 발음을 MP3 파일로 들으며 익힌다

모든 예문은 현지 발음에 충실하게 한글로 표기하였습니다. 외국어를 한글로 표기하는 것이 어색한 일이지만 생소한 문장을 '듣기' 만으로 오롯이 따라 하기란 쉬운 일이 아닙니다. MP3 파일을 반복적으로 들으면서 교재의 한글 표기를 참고하여 꾸준히 연습하세요. 짧은 문장부터 긴 문장까지 무작정 따라 하다 보면 일본어로 말하기가 쉬워지고 발음은 자연스러워집니다.

★ 본문에 한글 발음 표기는 참고용으로만 사용 바랍니다.

CONTENTS

PART 01 기본표현

PART 02 일상표현

PART 03 화술표현

PART 04 감정표현

PART 05 화제표현

PART 12 여행표현

히라가나 익히기

무조건 외우기

	あ단	い단	う단	え단	お단
あ행	あ 아 [a]	い 이 [i]	う 우 [u]	え 에 [e]	お 오 [o]
か행	か 카 [ka]	き 키 [ki]	く 쿠 [ku]	け 케 [ke]	こ 코 [ko]
さ행	さ 사 [sa]	し 시 [si]	す 스 [su]	せ 세 [se]	そ 소 [so]
た행	た 타 [ta]	ち 치 [chi]	つ 츠 [tsu]	て 테 [te]	と 토 [to]
な행	な 나 [na]	に 니 [ni]	ぬ 누 [nu]	ね 네 [ne]	の 노 [no]
は행	は 하 [ha]	ひ 히 [hi]	ふ 후 [hu]	へ 헤 [he]	ほ 호 [ho]
ま행	ま 마 [ma]	み 미 [mi]	む 무 [mu]	め 메 [me]	も 모 [mo]
や행	や 야 [ya]		ゆ 유 [yu]		よ 요 [yo]
ら행	ら 라 [ra]	り 리 [ri]	る 루 [ru]	れ 레 [re]	ろ 로 [ro]
わ행	わ 와 [wa]				を 오 [o]
	ん 응 [n, m, ng]				

	ア단	イ단	ウ단	エ단	オ단
ア행	ア 아 [a]	イ 이 [i]	ウ 우 [u]	エ 에 [e]	オ 오 [o]
カ행	カ 카 [ka]	キ 키 [ki]	ク 쿠 [ku]	ケ 케 [ke]	コ 코 [ko]
サ행	サ 사 [sa]	シ 시 [si]	ス 스 [su]	セ 세 [se]	ソ 소 [so]
タ행	タ 타 [ta]	チ 치 [chi]	ツ 츠 [tsu]	テ 테 [te]	ト 토 [to]
ナ행	ナ 나 [na]	ニ 니 [ni]	ヌ 누 [nu]	ネ 네 [ne]	ノ 노 [no]
ハ행	ハ 하 [ha]	ヒ 히 [hi]	フ 후 [hu]	ヘ 헤 [he]	ホ 호 [ho]
マ행	マ 마 [ma]	ミ 미 [mi]	ム 무 [mu]	メ 메 [me]	モ 모 [mo]
ヤ행	ヤ 야 [ya]		ユ 유 [yu]		ヨ 요 [yo]
ラ행	ラ 라 [ra]	リ 리 [ri]	ル 루 [ru]	レ 레 [re]	ロ 로 [ro]
ワ행	ワ 와 [wa]				ヲ 오 [o]
	ン 응 [n, m, ng]				

かれ 카레 그

かのじょ 카노죠 그녀

わたし 와타시 나
わたくし 와타쿠시 저
ぼく 보쿠 나
(남자의 자칭-여자는 쓰지 않는다)

わたしたち 와타시타치 우리들
あなたたち 아나타타치 당신들

おまえたち 오마에타치 너희들
あなたがた 아나타가타 여러분들

あなた 아나타 당신
きみ 기미 너, 자네, 그대

だれ 다레 누구
どなた 도나타 어느 분
このひと 코노히토 이 사람
そのひと 소노히토 그 사람
あのひと 아노히토 저 사람

사물을 가리킬 때

これ 코레 이것, 이
それ 소레 그것, 그
あれ 아레 저것, 저
どれ 도레 어떤 것, 무엇

장소을 가리킬 때

ここ 코코 여기
そこ 소코 거기
あそこ 아소코 저기
どこ 도코 어디, 어느 곳

방향을 가리킬 때

こちら 코치라 이쪽
そちら 소치라 그쪽
あちら 아치라 저쪽
どちら 도치라 어느 쪽

명사를 수식할 때

この 코노 이
その 소노 그
あの 아노 저
どの 도노 어느

いち 이치 일
ひとつ 히토츠 한 개, 하나
ひとり 히토리 한 사람
いっさい 잇사이 한 살
いちばん 이치방 첫 번

に 니 이
ふたつ 후타츠 두 개, 둘
ふたり 후타리 두 사람
にさい 니사이 두 살
にばん 니방 두 번

さん 상 삼
みっつ 밋츠 세 개, 셋
さんにん 산닌 세 사람
さんさい 산사이 세 살
さんばん 산방 세 번

し/よん 시/욘 사
よっつ 욧츠 네 개, 넷
よにん 요닌 네 사람
よんさい 욘사이 네 살
よんばん 용방 네 번

ご 고 오
いつつ 이츠츠 다섯 개, 다섯
ごにん 고닌 다섯 사람
ごさい 고사이 다섯 살
ごばん 고방 다섯 번

ろく 로쿠 육
むっつ 뭇츠 여섯 개, 여섯
ろくにん 로쿠닌 여섯 사람
ろくさい 로쿠사이 여섯 살
ろくばん 로쿠방 여섯 번

しち/なな 시치/나나 칠
ななつ 나나츠 일곱 개, 일곱
しちにん 시치닌 일곱 사람
ななさい 나나사이 일곱 살
ななばん 나나방 일곱 번

はち 하치 팔
やっつ 얏츠 여덟 개, 여덟
はちにん 하치닌 여덟 사람
はっさい 핫사이 여덟 살
はちばん 하치방 여덟 번

きゅう/く 큐-/쿠 구
ここのつ 코코노츠 아홉 개, 아홉
きゅうにん 큐-닌 아홉 사람
きゅうさい 큐-사이 아홉 살
きゅうばん 큐-방 아홉 번

じゅう 쥬- 십
とお 토- 열 개, 열
じゅうにん 쥬-닌 열 사람
じゅっさい 쥿사이 열 살
じゅうばん 쥬-방 열 번

うえ 우에 위
ひだり 히다리 좌

した 시타 아래
みぎ 미기 우

なか 나카 안/속

うしろ 우시로 뒤

あたり 아타리 근처

よこ 요코 옆
となり 토나리 이웃, 옆

まえ 마에 앞

むかい 무카이 맞은편

むこう 무코- 저쪽

きた 키타 북쪽

にし 니시 서쪽

ひがし 히가시 동쪽

みなみ 미나미 남쪽

いち がつ
이치가츠

に がつ
니가츠

さん がつ
산가츠

し がつ
시가츠

ご がつ
고가츠

ろく がつ
로쿠가츠

しち がつ
시치가츠

はち がつ
하치가츠

く がつ
쿠가츠

じゅうがつ
쥬-가츠

じゅういちがつ
쥬-이치가츠

じゅうにがつ
쥬-니가츠

しんねん 신넨 새해

はる 하루 봄

なつ 나츠 여름

あき 아키 가을

ふゆ 후유 겨울

クリスマス
쿠리스마스 크리스마스

- **おととし** 오토토시 재작년
- **さくねん** 사쿠넨 작년
- **ことし** 코토시 올해, 금년
- **らいねん** 라이넨 내년
- **さらいねん** 사라이넨 내후년
- **いちねん** 이치넨 일년

- **せんげつ** 센게츠 지난 달
- **こんげつ** 콘게츠 이번 달
- **らいげつ** 라이게츠 다음 달
- **さらいげつ** 사라이게츠 다다음 달

- **おととい** 오토토이 그제
- **きのう** 키노- 어제
- **きょう** 쿄- 오늘
- **あした** 아시타 내일
- **あさって** 아삿테 모레

- **あさ** 아사 아침
- **ひる** 히로 점심
- **よる** 요로 밤

17

いちじ

이치지 1시

にじ

니지 2시

さんじ

산지 3시

よじ

요지 4시

ごじ

고지 5시

ろくじ

로쿠지 6시

しちじ

시치지 7시

はちじ

하치지 8시

くじ

쿠지 9시

じゅうじ

쥬-지 10시

じゅういちじ

쥬-이치지 11시

じゅうにじ

쥬-니지 12시

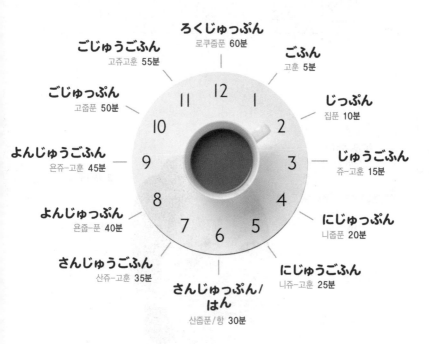

ろくじゅっぷん 로쿠줍푼 60분

ごじゅうごふん 고쥬고훈 55분

ごじゅっぷん 고줍푼 50분

よんじゅうごふん 욘쥬-고훈 45분

よんじゅっぷん 욘줍-푼 40분

さんじゅうごふん 산쥬-고훈 35분

さんじゅっぷん / はん 산줍푼/항 30분

にじゅうごふん 니쥬-고훈 25분

にじゅっぷん 니줍푼 20분

じゅうごふん 쥬-고훈 15분

じっぷん 집푼 10분

ごふん 고훈 5분

- **いっぷん** 입푼 1분
- **にふん** 니훈 2분
- **さんぷん** 산푼 3분
- **よんぷん** 욘푼 4분
- **ごふん** 고훈 5분
- **ろっぷん** 롯푼 6분
- **ななふん** 나나훈 7분
- **はっぷん** 핫푼 8분
- **きゅうふん** 큐-훈 9분
- **じゅっぷん** 줍푼 10분

- **いちびょう** 이치뵤- 1초
- **にびょう** 니뵤- 2초
- **さんびょう** 산뵤- 3초
- **よんびょう** 욘뵤- 4초

- **なんじ** 난지 몇 시
- **なんぷん** 난푼 몇 분
- **なんびょう** 난뵤- 몇 초

19

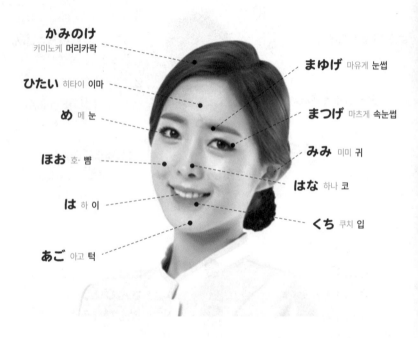

かみのけ 카미노케 머리카락

まゆげ 마유게 눈썹

ひたい 히타이 이마

め 메 눈

まつげ 마츠게 속눈썹

ほお 호- 뺨

みみ 미미 귀

は 하 이

はな 하나 코

くち 쿠치 입

あご 아고 턱

- **ひげ** 히게 수염
- **そばかす** 소바카스 주근깨
- **にきび** 니키비 여드름
- **しわ** 시와 주름
- **えくぼ** 에쿠보 보조개

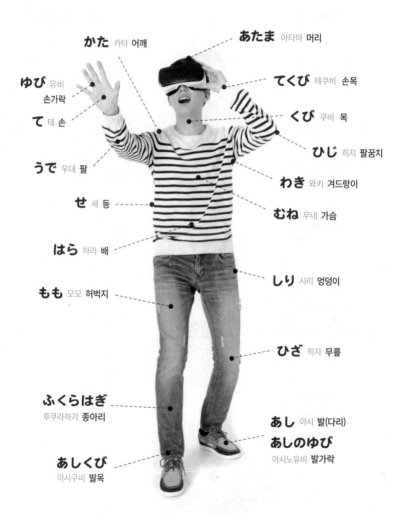

かた 카타 어깨

あたま 아타마 머리

ゆび 유비 손가락

て 테 손

てくび 테쿠비 손목

くび 쿠비 목

ひじ 히지 팔꿈치

うで 우데 팔

わき 와키 겨드랑이

せ 세 등

むね 무네 가슴

はら 하라 배

しり 시리 엉덩이

もも 모모 허벅지

ひざ 히자 무릎

ふくらはぎ
후쿠라하기 종아리

あし 아시 발(다리)

あしのゆび
아시노유비 발가락

あしくび
아시쿠비 발목

21

10 가족

다른 가족을 말할 때

おとうさん
오토-상 아버지

おじいさん
오지-상 할아버지

おかあさん
오카-상 어머니

おばあさん
오바-상 할머니

おにいさん
오니-상 형, 오빠

おとうとさん
오토우토상 남동생

おねえさん
오네-상 언니

いもうとさん
이모-토상 여동생

자기 가족을 말할 때

ちち 치치 아버지

そふ 소후 할아버지

はは 하하 어머니

そぼ 소보 할머니

あに 아니 형, 오빠
おとうと 오토우토 남동생
むすこ 무스코 아들

あね 아네 누나, 언니
いもうと 이모-토 여동생
むすめ 무스메 딸

きょうだい

쿄-다이 형제

りょうしん

료-싱 부모님

おっと 옷토 남편
つま 츠마 아내

おい 오이 조카
めい 메이 조카딸

しんせき 신세키 친척

むこ 무코 사위
よめ 요메 며느리

おじさん

오지상 아저씨

いとこ 이토코 사촌

おばさん.

오바상 아주머니

あるく 아루쿠 걷다

りょうりする
료-리스루 요리하다

うたう 우타우 노래하다

かく 카쿠 쓰다

べんきょうする
벤쿄-스루 공부하다

かう 카우 사다

のる 노루 타다

ねる 네루 자다

よむ 요무 읽다

はしる 하시루 달리다

たべる 타베루 먹다

すわる 스와루 앉다

たたかう 타타카우 싸우다

みる 미루 보다

いう 이우 말하다

きく 키쿠 듣다

きる 키루 입다

のむ 노무 마시다

ちかい 치카이 가깝다	↔	**とおい** 토-이 멀다	
かるい 카루이 가볍다	↔	**おもい** 오모이 무겁다	
ながい 나가이 길다	↔	**みじかい** 미지카이 짧다	
うれしい 우레시- 기쁘다	↔	**かなしい** 카나시- 슬프다	
きれい 키레이 깨끗하다	↔	**きたない** 키타나이 더럽다	
でる 데루 나오다	↔	**はいる** 하이루 들어가다	
ひろい 히로이 넓다	↔	**せまい** 세마이 좁다	
たかい 타카이 높다	↔	**ひくい** 히쿠이 낮다	
おおい 오-이 많다	↔	**すくない** 스쿠나이 적다	
たかい 타카이 비싸다	↔	**やすい** 야스이 싸다	
はやい 하야이 빠르다	↔	**おそい** 오소이 느리다	
かう 카우 사다	↔	**うる** 우루 팔다	
くる 쿠루 오다	↔	**いく** 이쿠 가다	
おもしろい 오모시로이 재미있다	↔	**たいくつ** 타이쿠츠 지루하다	
むずかしい 무즈카시- 어렵다	↔	**やすい** 야스이 쉽다	
あたらしい 아타라시- 새롭다	↔	**ふるい** 후루이 오래되다	
しずかだ 시즈카다 조용하다	↔	**にぎやかだ** 니기야카다 떠들썩하다	
すきだ 스키다 좋아하다	↔	**きらいだ** 키라이다 싫어하다	
さむい 사무이 춥다	↔	**あつい** 아츠이 덥다	
おおきい 오-키- 크다	↔	**ちいさい** 치-사이 작다	
のる 노루 타다	↔	**おりる** 오리루 내리다	

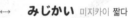

おきる 오키루 일어나다

かおを あらう 카오오 아라우 세수하다

はを みがく 하오 미가쿠 이를 닦다

ごはんを たべる 고항오 타베루 밥을 먹다

みずを のむ 미즈오 노무 물을 마시다

トイレに いく 토아레니 이쿠 화장실에 가다

けしょう する 켓쇼- 스루 화장하다

しゅっきん する 슛킨 스루 출근하다

はたらく 하타라쿠 일하다

いそがしい 이소가시- 바쁘다

あそぶ 아소부 놀다

ひまだ 히마다 한가하다

かえる 카에루 돌아오다

やすむ 야스무 쉬다

ふろに はいる 후로니 하이루 목욕을 하다

シャワーを あびる 샤와오 아비루 샤워를 하다

ねる 네루 자다

ゆめを みる 유메오 미루 꿈을 꾸다

현지에서 찐으로 통하는 회화는 따로 있다

기본표현

PART

01

현지에서 찐으로 통하는 회화는 따로 있다

만남에 관한 표현

가장 많이 쓰이는 회화

안녕하세요. (낮 인사)

こんにちは。

잘 지내십니까?

お元気^{げん き}ですか。

お<ruby>元気<rt>げんき</rt></ruby>ですか。

덕분에 잘 지냅니다. 당신은요?

おかげさまで<ruby>元気<rt>げんき</rt></ruby>です。あなたは。

네, 저도 잘 지냈습니다.

はい、<ruby>私<rt>わたし</rt></ruby>も<ruby>元気<rt>げんき</rt></ruby>でした。。

01 안녕. (아침 인사)

おはよう。
오하요-

---

02 안녕하세요. (아침 인사)

おはようございます。
오하요- 고자이마스

---

03 안녕하세요. (낮 인사)

こんにちは。
콘니치와

---

04 안녕하세요. (밤 인사)

こんばんは。
콘방와

---

05 안녕히 주무세요.

おやすみなさい。
오야스미나사이

---

06 여, 안녕. (친한 친구)

やあ、こんにちは。
야-, 콘니치와

01 잘 지내십니까?

お元気ですか。

오겡키데스까?

02 요즘은 어떻게 지내십니까?

この頃はどうお過ごしですか。

코노 고로와 도-오 스고시 데스까?

03 별일 없으신가요?

お変りありませんか。

오카와리 아리마셍까?

04 덕분에 잘 지냅니다. 당신은요?

おかげさまで元気です。あなたは。

오카게사마데 겡키데스. 아나타와?

05 네, 저도 잘 지냈습니다.

はい、私も元気でした。

하이, 와타시모 겡키데시타

06 사업은 잘 되십니까?

事業(お仕事)はうまくいっていますか。

지교-(오시고토)와 우마쿠 잇테 이마스까?

07 그저 그렇습니다.

まあまあです。

마-마-데스

---

08 잘 지내니?

元気かい。

겡키카이?

---

09 무슨 별다른 일이라도 있니?

何か変わった事でもある。

나니카 카왓타 코토데모 아루?

---

10 아니, 별로.

いや、別に。

이야, 베츠니

---

11 몸은 좀 어때?

調子はどう。

쵸-시와 도-?

---

12 많이 괜찮아졌어.

だいぶ良くなったよ。

다이부 요쿠낫타요

01 참 오랜만이군요.

本当に久しぶりですね。

혼토-니 히사시부리데스네

---

02 다시 만나서 반갑습니다.

また、お会いできてうれしいですね。

마타, 오아이데키테 우레시-데스네

---

03 여- 오랜만이군. 그동안 잘 지냈어?

よう、久しぶりだね。元気だった。

요-, 히사시부리다네. 겡키닷타?

---

04 몇 주 만이군요. 어떻게 지냈습니까?

数週間ぶりですね。どうしてました。

스-슈-칸 부리데스네. 도-시테 마시타?

---

05 그동안 어떻게 지내셨나요?

その後どう過ごしていましたか。

소노 고도- 스고시테 이마시타까?

---

06 여전하시네요.

相変わらずですね。

아이카와라즈 데스네

34

07 와, 정말 몇 년 만이야.

わあ、本当に何年ぶりですか。

와-, 혼토-니 난넨부리데스까

---

08 뵙고 싶었습니다.

お会いしたかったです。

오아이시타 캇타데스

---

09 세월 참 빠르네요.

月日は本当に速いですね。

츠키히와 혼토-니 하야이데스네

---

10 어떻게 지냈니?

どうしていた。

도- 시테이타?

---

11 어디 갔었니?

どこか行ってたの。

도코카 잇테타노?

---

12 전혀 안 변했구나.

全然変わらないね。

젠젠 카와라나이네

13 제법 어른스러워졌구나.

けっ こう おと な
結構大人らしくなったね。

켁코- 오토나라시쿠 낫타네

---

14 많이 예뻐졌네.

ほん とう　　き れい
本当に綺麗になったね。

혼토-니 키레이니 낫타네

---

15 건강해 보이는데요.

げん き
元気そうですね。

겡키 소-데스네

---

16 오랫동안 소식을 전해드리지 못했습니다.

なが　　あいだ　　　ぶ　さ　た　いた
長い間ご無沙汰致しました。

나가이 아이다 고부사타 이타시마시타

---

17 별고 없으셨습니까?

かわ
お変りありませんでしたか。

오카와리 아리마센 데시타까?

---

18 모두 보고 싶었어요.

あ
みんな会いたかったですよ。

민나 아이타 캇타데스요

01 요즘 어떻게 지내십니까?

この頃、どう過されていますか。

코노고로 도- 스고사레테 이마스까?

---

02 가족 분들은 잘 지내십니까?

ご家族の皆さん、お元気ですか。

고카조쿠노 미나상, 오겡키데스까?

---

03 부모님은 건강하십니까?

ご両親はお元気ですか。

고료-싱와 오겡키데스까?

---

04 모두 잘 지냅니다.

みんな元気です。

민나 겡키데스

---

05 그는 요즘 어떻게 지내?

彼はこの頃どうしている。

카레와 코노고로 도-시테 이루?

---

06 그는 건강하게 지내고 있습니다.

彼は元気で過しています。

카레와 겡키데 스고시테 이마스

37

현지에서 찐으로 통하는 회화는 따로 있다

소개에 관한 표현

가장 많이 쓰이는 회화

처음 뵙겠습니다.

はじめまして。

뵙게 되어 매우 기쁩니다.

お目_めにかかれてとても嬉_{うれ}しいです。

성함이 어떻게 되시죠?

お名前_{な まえ}は何_{なん}ですか。

이름은 스즈키입니다.

名前_{な まえ}は鈴木_{すず き}です。

01 처음 뵙겠습니다.

はじめまして。

하지메마시테

---

02 뵙게 되어 매우 기쁩니다.

お目にかかれてとても嬉しいです。

오메니카카레테 토테모 우레시-데스

---

03 미우라 씨, 잘 부탁해요.

三浦さん、よろしくお願いね。

미우라상, 요로시쿠 오네가이네

---

04 저야말로 잘 부탁합니다.

こちらこそよろしく。

코치라코소 요로시쿠

---

05 미하시에게 말씀은 들었습니다.

三橋からうわさを聞いてました。

미츠하시카라 우와사오 키이테 마시타

---

06 뵙기를 기대하고 있었습니다.

お目にかかるのを楽しみにしていました。

오메니 카카루노오 타노시미니 시테이마시타

01 잠깐 제 소개를 하겠습니다.

ちょっと自己紹介をさせていただきます。

춋토 지코쇼-카이오 사세테 이타다키마스

---

02 이름은 스즈키입니다.

名前は鈴木です。

나마에와 스즈키데스

---

03 어디서 뵈었지요.

どこかでお会いしたでしょ。

도코카데 오아이 시타데쇼

---

04 안녕하세요, 저를 기억하시겠습니까?

こんにちは、私を覚えてますか。

콘니치와, 와타시오 오보에테마스카?

---

05 죄송합니다. 다른 사람으로 착각했습니다.

すみません。別の人と間違えました。

스미마센. 베츠노 히토토 마치가에 마시타

---

06 가야마 레이코입니다. 당신은?

加山麗子です。あなたは。

카야마 레이코데스. 아나타와?

07 아리요시입니다만, 줄여서 '아리'입니다.

有吉ですが、縮めて、'アリ'、です。

아리요시데스가, 치지메테, '아리'데스

08 제 명함입니다. 당신 것도 주실 수 있을까요?

私の名刺です。あなたのもいただけますか。

와타시노 메이시데스. 아나타노모 이타다케 마스까?

09 제 이름은 김… 아, 명함을 드릴게요.

私の名前は金…あっ、名刺をさしあげましょう。

와타시노 나마에와 키무… 앗, 메이시오 사시아게 마쇼-

10 이름은 미우라 시게루이고, 도쿄에서 왔습니다.

名前は三浦茂で、東京から来ました。

나마에와 미우라 시게루데, 토-쿄-카라 키마시타

11 아이는 둘 있습니다.

子供は二人います。

코도모와 후타리 이마스

12 무역회사에서 근무하고 있는 회사원입니다.

貿易会社に勤めている会社員です。

보우에키 가이샤니 츠토메테이루 카이샤인데스

01 성함이 어떻게 되시죠?

お名前は何ですか。

오나마에와 난데스까?

---

02 이름이 뭐였죠?

名前は何でしたっけ。

나마에와 난데시탓케?

---

03 강대한입니다.

カンデハンです。

캉데한데스

---

04 요시다라고 합니다.

吉田と申します。

요시다토 모우시마스

---

05 성함을 어떻게 읽습니까?

お名前は何と読みますか。

오나마에와 난토 요미마스까?

---

06 저를 기무라라고 불러 주세요.

私を木村と呼んでください。

와타시오 키무라토 욘데 쿠다사이

01 저기요.

あのう。

아노-

02 사장님!

社長さん!

샤쵸-상!

03 선생님!

先生!

센세-!

04 저-, 기무라 씨!

あのう、木村さん!

아노-, 키무라상!

05 아빠! / 아버지!

パパ! / お父さん(ちゃん)!

파파! / 오토-상(챵)!

06 엄마! / 어머니!

ママ! / お母さん(ちゃん)!

마마! / 오카-상(챵)!

01 다나카 씨를 소개하겠습니다.

田中さんを紹介します。

타나카상오 쇼-카이시마스

---

02 제 친구 기무라 씨를 소개하겠습니다.

私の友達の木村さんを紹介します。

와타시노 토모다치노 키무라상오 쇼-카이시마스

---

03 김씨, 사토 씨를 만나는 것은 처음이지요?

金さん、佐藤さんに会うのは初めてでしょ。

키무상, 사토-상니 아우노와 하지메테데쇼?

---

04 미우라를 만난 적 있니?

三浦に会ったことある。

미우라니 앗타 코토 아루?

---

05 만난 적이 없다면 소개해 드리지요.

会ったことがなければ紹介しましょう。

앗타 코토가 나케레바 쇼-카이 시마쇼-

---

06 이씨, 이분은 다나카 씨입니다.

李さん、この方は田中さんです。

이상, 코노 카타와 타나카상데스

07 기무라씨, 제 친구 다사카군 입니다.

木村さん、私の友達の田坂君です。

키무라상, 와타시노 토모다치노 타사카쿤데스

08 이쪽은 내 아내입니다.

こちらは私の妻です。

코치라와 와타시노 츠마데스

09 김씨, 이분은 제 주치의이신 기무라 선생님입니다.

金さん、この方は私の主治医の木村先生です。

키무상, 코노 카타와 와타시노 슈지이노 키무라센세이데스

10 이쪽은 한국에서 온 친구인 김입니다.

こちらは韓国の友達の金です。

코치라와 캉코쿠노 토모다치노 키무데스

11 김씨, 동료 후지카와를 소개해 드리겠습니다.

金さん、同僚の藤川君を紹介致します。

키무상, 도-료-노 후지카와쿵오 쇼-카이 이타시마스

12 마리코와 저는 초등학교부터 아는 사이입니다.

真利子と私は小学校からの知り合いです。

마리코토 와타시와 쇼-각코-카라노 시리아이데스

01 고향은 어디입니까?

田舎はどこですか。

이나카와 도코데스카?

02 이곳 생활은 어떻습니까?

こちらの生活はどうですか。

코치라노 세-카츠와 도- 데스까?

03 이곳에는 자주 오십니까?

こちらへはよくいらっしゃいますか。

코치라에와 요쿠 이랏샤이 마스까?

04 어디에서 근무하십니까?

どちらへお勤めですか。

도치라에 오츠토메 데스까?

05 무슨 일을 하시나요?

どんな仕事をされてますか。

돈나 시고토오 사레테마스까?

06 어느 학교에 다니십니까?

どこの学校に通っていますか。

도코노 각코-니 카욧테 이마스까?

07 어떻게 하면 연락이 됩니까?

どうしたら<ruby>連絡<rt>れん らく</rt></ruby>ができますか。

도-시타라 렝라쿠가 데키마스까?

---

08 같이 커피라도 어떻습니까?

<ruby>一緒<rt>いっ しょ</rt></ruby>にコーヒーでもいかがですか。

잇쇼니 코-히-데모 이카가데스까?

---

09 여기는 일로 오셨습니까?

ここへはお<ruby>仕事<rt>し ごと</rt></ruby>で<ruby>来<rt>こ</rt></ruby>られましたか。

코코에와 오시고토데 코라레 마시타까?

---

10 일본의 생활에는 이제 익숙해졌습니까?

<ruby>日本<rt>に ほん</rt></ruby>の<ruby>生活<rt>せい かつ</rt></ruby>にはもう<ruby>慣<rt>な</rt></ruby>れましたか。

니혼노 세-카츠니와 모- 나레마시타까?

---

11 일본어를 할 줄 아나요?

<ruby>日本語<rt>に ほん ご</rt></ruby>ができますか。

니홍고가 데키마스카?

---

12 일본어는 어디서 배웠습니까?

<ruby>日本語<rt>に ほん ご</rt></ruby>はどこで<ruby>習<rt>なら</rt></ruby>いましたか。

니홍고와 도코데 나라이 마시타까?

현지에서 찐으로 통하는 회화는 따로 있다

고마움에 관한 표현

가장 많이 쓰이는 회화

고맙습니다.

ありがとうございます。

저야말로 감사합니다.

こちらこそどうもありがとう。

도와줘서 고마워요.

手伝ってくれてありがとう。

천만에요. 도움이 되어서 기쁩니다.

どう致しまして。お役に立てて嬉しいです。

01 고마워요. / 고맙습니다.

ありがとう。/ ありがとうございます。

아리가토- / 아리가토- 고자이마스

---

02 여러모로 신세를 많이 졌습니다.

色々お世話になりました。

이로이로 오세와니 나리마시타

---

03 만나러 와줘서 고마워.

会いに来てくれてありがとう。

아이니 키테 쿠레테 아리가토-

---

04 전화해 줘서 고마워. 잘 지내.

電話をありがとう。さようなら。

뎅와오 아리가토-. 사요-나라

---

05 감사드립니다.

感謝致します。

칸샤 이타시마스

---

06 도와줘서 고마워요.

手伝ってくれてありがとう。

테츠닷테 쿠레테 아리가토-

01 선물 정말 고마워요. 지금 열어봐도 될까요?

プレゼント、どうもありがとう。今開けてもいいですか。

푸레젠토 도-모 아리가토-. 이마 아케테모 이-데스카?

---

02 멋진 선물을 줘서 고마워요.

すてきなプレゼントをくださり、ありがとう。

스테키나 푸레젠토오 쿠다사리, 아리가토-

---

03 저에게 주시는 겁니까? 감사합니다.

私にくださるのですか。ありがとうございます。

와타시니 쿠다사루노데스까? 아리가토- 고자이마스

---

04 생각지도 못했는데, 정말 감사합니다.

思いもしなかったことですが、どうもありがとう。

오모이모 시나캇타 코토데스가, 도-모 아리가토-

---

05 예전부터 이런 것을 가지고 싶다고 생각하고 있었습니다.

前からこんなのが欲しいと思っていました。

마에카라 콘나노가 호시-토 오못테 이마시타

---

06 우와, 기뻐요! 정말 고마워요.

うわあ、嬉しい! 本当にありがとう。

우와-, 우레시-! 혼토-니 아리가토-

01 친절하게 대해줘서 고마워요.

ご親切にどうもありがとう。

고신세츠니 도-모 아리가토-

02 친절하게 해주셔서 많은 도움이 되었습니다.

ご親切にしてくださり本当に助かりました。

고신세츠니 시테쿠다사리 혼토-니 타스카리 마시타

03 어떻게 감사의 인사를 드려야 할지…

なんとお礼を言ったらいいのか…。

난토 오레이오 잇타라 이-노카

04 마중을 나와주셔서 정말로 고맙습니다.

お出迎えいただいて本当にありがとうございます。

오데무카에 이타다이테 혼토-니 아리가토- 고자이마스

05 격려해줘서 고마워요.

励ましてくれてありがとう。

하게마시테 쿠레테 아리가토-

06 당신 덕분에 도움이 되었습니다.

あなたのおかげで助かりました。

아나타노 오카게데 타스카리 마시타

01 천만에요. 쉬운 일이에요.

どういたしまして。お安いご用ですよ。

도- 이타시마시테. 오야스이 고요-데스요

---

02 천만에요. 도움이 되어서 기쁩니다.

どう致しまして。お役に立てて嬉しいです。

도- 이타시마시테. 오야쿠니 타테테 우레시-데스

---

03 천만에요. 감사할 것까지는 없습니다.

どう致しまして。礼には及びません。

도- 이타시마시테. 레이니와 오요비마센

---

04 천만에요. 기꺼이 도와 드리겠어요.

どう致しまして。喜んでお手伝いしますよ。

도- 이타시마시테. 요로콘데 오테츠다이 시마스요

---

05 천만에요. 용무가 있으면 사양하지 마시고 말씀하세요.

どう致しまして。ご用があれば遠慮なく言ってください。

도- 이타시마시테. 고요-가 아레바 엔료-나쿠 잇테 쿠다사이

---

06 천만에요. 말이 통해서 좋았습니다.

どう致しまして。話が通じてよかったです。

도- 이타시마시테. 하나시가 츠-지테 요캇타데스

07 저도 즐거웠습니다.

私も楽しかったです。

와타시모 타노시캇타데스

08 아니오, 저야말로.

いいえ、こちらこそ。

이-에, 코치라코소

09 저야말로 기쁩니다.

こちらこそ嬉しいです。

코치라코소 우레시-데스

10 저야말로 감사합니다.

こちらこそどうもありがとう。

코치라코소 도-모 아리가토-

11 즐거운 시간 고맙습니다.

楽しい時間をありがとう。

타노시- 지캉오 아리가토-

12 아뇨, 또 언제든지 불러 주세요.

いいえ、またいつでも呼んで下さい。

이-에, 마타 이츠데모 욘데 쿠다사이

사과&사죄에 관한 표현

가장 많이 쓰이는 회화

기다리게 해서 죄송합니다.

お待たせしてすみません。

괜찮아요.

大丈夫ですよ。

기분을 망치게 했다면 죄송합니다.

お気に触ったらごめんなさい。

저야말로 죄송합니다.

私の方こそごめんなさい。

54

01 실례합니다.

失礼します。

시츠레-시마스

02 실례합니다만, 일본 분이십니까?

失礼ですが、日本の方ですか。

시츠레-데스가, 니혼노 카타데스까?

03 실례합니다만, 성함을 여쭤도 되겠습니까?

失礼ですが、お名前をうかがってもよろしいですか。

시츠레-데스가, 오나마에오 우카갓테모 요로시-데스까?

04 잠깐 실례합니다. 지나가도 될까요?

ちょっとすみません。前を通ってもいいでしょうか。

춋토 스미마센. 마에오 토-테모 이-데쇼-까?

05 말씀 중입니다만, ….

お話中ですが、…。

오하나시쮸- 데스가, …

06 잠깐 실례하겠습니다. 곧 돌아오겠습니다.

ちょっと失礼致します。すぐ戻ります。

춋토 시츠레- 이타시마스. 스구 모도리마스

55

01 **미안. / 미안해요.**

ごめん。/ ごめんなさい。

고멘 / 고멘나사이

02 **미안합니다.**

すみません。

스미마센

03 **제발 용서해 주세요.**

どうか許してください。

도-카 유루시테 쿠다사이

04 **어쩔 수 없었습니다.**

仕方がありませんでした。

시카타가 아리마센 데시타

05 **그럴 생각이 아니었습니다.**

そんなつもりじゃなかったんです。

손나 츠모리쟈 나캇탄데스

06 **폐를 끼쳐 드려서 죄송합니다.**

ご迷惑をおかけして申し訳ありません。

고메-와쿠오 오카케시테 모- 시와케 아리마센

07 기다리게 해서 죄송합니다.

お待たせしてすみません。

오마타세시테 스미마센

08 약속을 지키지 못해서 죄송합니다.

約束を守れなくてすみません。

야쿠소쿠오 마모레나쿠테 스미마센

09 정말로 미안합니다. 깜빡했습니다.

本当にすみません。うっかりしました。

혼토-니 스미마센. 욱카리 시마시타

10 앞으로는 주의를 하겠습니다.

これからは気をつけます。

코레카라와 키오츠케마스

11 바보 같은 짓을 해서 죄송합니다.

馬鹿なことをして申し訳ありません。

바카나 코토오 시테 모- 시와케 아리마센

12 기분을 망치게 했다면 죄송합니다.

お気に触ったらごめんなさい。

오키니 사왓타라 고멘나사이

13 전화도 못 드리고 죄송했습니다.

お電話もせず、申し訳ありませんでした。

오뎅와모 세즈, 모-시와케 아리마센데시타

---

14 지나쳤다면 죄송해요.

度が過ぎてたら、ごめんなさい。

도가 스기테타라 고멘나사이

---

15 뭐라고 사죄를 드려야 좋을지 모르겠습니다.

何とお詫びしてよいか分かりません。

난토 오와비시테 요이카 와카리마센

---

16 가능하면 내일 회의는 빠지고 싶습니다만.

できれば明日の会議は抜けたいのですが。

데키레바 아시타노 카이기와 누케타이노 데스가

---

17 죄송하지만, 급한 일이 생겨서요.

申し訳ありませんが、急用が出来まして。

모-시와케 아리마셍가, 큐-요-가 데키마시테

---

18 이렇게 늦어서 미안, 많이 기다렸지?

こんなに遅くなってごめん。ずいぶん待った。

콘나니 오소쿠낫테 고멘, 즈이분 맛타?

01 괜찮아요.

大丈夫ですよ。

다이죠-부데스요

02 그렇게 큰 일도 아니었는걸요.

そんなに大したことでもありませんでしたよ。

손나니 타이시타 코토데모 아리마센데시타요

03 걱정마세요.

ご心配なく。

고심파이 나쿠

04 괜찮아요. 걱정하지 말아요.

いいんですよ。心配しないでください。

이-인데스요. 심파이 시나이데 쿠다사이

05 우리 쪽에도 책임이 있습니다.

こちらにも責任はあります。

코치라니모 세키닝와 아리마스

06 저야말로 죄송합니다.

私の方こそごめんなさい。

와타시노 호-코소 고멘나사이

현지에서 찐으로 통하는 회화는 따로 있다

축하&환영에 관한 표현

가장 많이 쓰이는 회화

한국에 잘 오셨습니다.

ようこそ韓国(かんこく)へ。

마중을 나와주셔서 정말로 고맙습니다.

お出迎(でむか)えいただいて本当(ほんとう)にありがとうございます。

네 생일 선물이야.

あなたの誕生日(たんじょうび)のプレゼントだよ。

생각지도 못했는데, 정말 감사합니다.

思(おも)いもしなかったことですが、どうもありがとう。

01 축하해요. / 축하합니다.

おめでとう。/ おめでとうございます。

오메데토- / 오메데토- 고자이마스

---

02 졸업, 축하해.

卒業おめでとう。
そつぎょう

소츠교- 오메데토-

---

03 승진을 축하드립니다.

ご昇進おめでとうございます。
しょうしん

고쇼-싱 오메데토- 고자이마스

---

04 합격을 축하해요.

合格おめでとう。
ごう かく

고- 카쿠 오메데토-

---

05 출산을 진심으로 축하드립니다.

ご出産を心からお祝い致します。
しゅっさん　こころ　　いわ　いた

고슛상오 코코로카라 오이와이 이타시마스

---

06 결혼을 축하드립니다.

ご結婚おめでとうございます。
けっこん

고켁콩 오메데토- 고자이마스

01 새해 복 많이 받아요.

新年おめでとう。 / 明けましておめでとうございます。

신넹 오메데토-. 아케마시테 오메데토- 고자이마스

02 생일 축하해.

誕生日おめでとう。

탄죠-비 오메데토-

03 네 생일 선물이야.

あなたの誕生日のプレゼントだよ。

아나타노 탄죠-비노 푸레젠토다요

04 메리 크리스마스!

メリークリスマス!

메리- 쿠리스마스!

05 행운을 빌겠습니다.

幸運をお祈り致します。

코웅오 오이노리 이타시마스

06 새로운 인생의 출발을 축하합니다.

新しい人生の出発をお祝いします。

아타라시- 진세이노 슙바츠오 오이와이시마스

01 잘 오셨습니다.

よくいらっしゃいました。

요쿠 이랏샤이 마시타

---

02 참으로 잘 와 주셨습니다.

本当に、よくおいで、くださいました。
ほんとう

혼토-니 요쿠 오이데 쿠다사이 마시타

---

03 한국에 잘 오셨습니다.

ようこそ韓国へ。
かんこく

요-코소 캉코쿠에

---

04 입사를 환영합니다.

入社を歓迎します。
にゅうしゃ　かんげい

뉴-샤오 캉게-시마스

---

05 이런 분이시라면 대환영이죠.

こんな方なら大歓迎ですよ。
かた　　　だいかんげい

콘나 카타나라 다이캉게- 데스요

---

06 기무라 씨, 진심으로 환영합니다.

木村さん、心より歓迎致します。
きむら　　こころ　　かんげいいた

키무라상, 코코로요리 캉게- 이타시마스

63

현지에서 찐으로 통하는 회화는 따로 있다

작별에 관한 표현

가장 많이 쓰이는 회화

안녕히 가세요.

さようなら。

저녁, 잘 먹었습니다.

<ruby>夕食<rt>ゆうしょく</rt></ruby>、ごちそうさまでした。

즐거운 주말 되시길 바라요.

<ruby>楽<rt>たの</rt></ruby>しい<ruby>週末<rt>しゅうまつ</rt></ruby>になるように。

고마워요. 당신도 잘 보내세요.

ありがとう、あなたもね。

01 **안녕히 가세요.**

さようなら。/ ごきげんよう。

사요-나라 / 고키겡요-

02 **안녕히 계세요. 그럼 또 나중에 만나요**

さようなら。ではまた後で会いましょう。

사요-나라. 데와마타 아토데 아이마쇼-

03 **가까운 시일에 또 뵙죠.**

近いうちにまたお会いしましょう。

치카이 우치니 마타 오아이 시마쇼-

04 **그럼, 내일 또 봐요.**

では、また明日会おう。

데와 마타 아시타 아오-

05 **그럼, 수요일에 만납시다.**

じゃあ、水曜日に会いましょう。

쟈-, 스이요-비니 아이마쇼-

06 **모두에게 안부 전해 주세요.**

皆さまによろしく。

미나사마니 요로시쿠

01 이제 가야겠습니다.

もう、おいとま致します。

모- 오이토마 이타시마스

02 만나서 즐거웠습니다.

お会いできて楽しかったです。

오아이데키테 타노시캇타데스

03 저녁, 잘 먹었습니다.

夕食、ごちそうさまでした。

유-쇼쿠, 고치소- 사마 데시타

04 즐거운 주말 되시길 바라요.

楽しい週末になるように。

타노시- 슈-마츠니 나루요-니

05 고마워요. 당신도 잘 보내세요.

ありがとう、あなたもね。

아리가토-. 아나타모네

06 오늘 저녁 매우 즐겁게 보냈습니다.

今夜はとても楽しく過ごしました。

콩야와 토테모 타노시쿠 스고시 마시타

07 초대해 줘서 고마워요. 정말 즐거웠습니다.

招待してくださってありがとう。本当に楽しかったです。

쇼-타이 시테 쿠다삿테 아리가토-. 혼토-니 타노시캇타데스

08 가야겠는데….

行かなければならないので…。

이카나케레바 나라나이노데…

09 만나게 되어 기뻤습니다.

お会いできて、嬉しかったです。

오아이 데키테, 우레시캇타데스

10 또 올게.

また来るよ。

마타 쿠루요

11 늦었어.

遅いよ。

오소이요

12 이제 가야겠어.

もう行かなくては。

모- 이카나 쿠테와

01 좀 더 계시다 가시지.

もうちょっといらしてください。

모- 춋토 이라시테 쿠다사이

---

02 일부러 와주셔서 고맙습니다.

わざわざ、来ていただいてありがとう。

와자와자, 키테이타다이테 아리가토-

---

03 많이 늦었네요. 들어가세요.

もう遅いですよ。お帰りくなさい。

모- 오소이 데스요. 오카에리 쿠다사이

---

04 또 오세요.

また来てください。

마타키테 쿠다사이

---

05 벌써 가는거야?

もう帰るんですか。

모- 카에룬데스까?

---

06 조심해서 가.

気をつけて行ってね。

키오 츠케테 잇테네

01 즐겁게 다녀와.

楽しんでらっしゃい。

타노신데 랏샤이

02 좋은 여행이 되기를 바라요.

いい旅行になりますように。

이- 료코-니 나리마스 요-니

03 당신과 함께 하지 못해서 유감이군.

あなたと一緒でなくて残念だね。

아나타토 잇쇼데 나쿠테 잔넨다네

04 가끔 전화라도 해줘.

時々電話でもしてね。

토키도키 뎅와데모 시테네

05 다시 만나자.

また会おうね。

마타 아오-네

06 서로 연락하자.

お互い連絡しよう。

오타가이 렝라쿠 시요-

69

현지에서 찐으로 통하는 회화는 따로 있다

일상표현

PART 02

현지에서 찐으로 통하는 회화는 따로 있다

가족에 관한 표현

형제는 몇 분입니까?

ご<ruby>兄弟<rt>きょうだい</rt></ruby>は<ruby>何人<rt>なんにん</rt></ruby>ですか。

형 한 명과 여동생 한 명 있습니다.

<ruby>兄<rt>あに</rt></ruby>が<ruby>一人<rt>ひとり</rt></ruby>と<ruby>妹<rt>いもうと</rt></ruby>が<ruby>一人<rt>ひとり</rt></ruby>います。

부모님과 함께 살고 있습니까?

ご<ruby>両親<rt>りょうしん</rt></ruby>と<ruby>一緒<rt>いっしょ</rt></ruby>に<ruby>住<rt>す</rt></ruby>んでいますか。

우리 집은 대가족입니다.

うちは<ruby>大家族<rt>だいかぞく</rt></ruby>です。

01 가족은 몇 명입니까?

なん にん か ぞく
何人家族ですか。

난닝 카조쿠 데스까?

02 5인 가족입니다.

ご にん か ぞく
5人家族です。

고닝 카조쿠 데스

03 부모님과 여동생이 있습니다.

りょう しん　　いもうと
両親と妹がいます。

료-신토 이모-토가 이마스

04 우리 집은 대가족입니다.

だい か ぞく
うちは大家族です。

우치와 다이카조쿠 데스

05 당신이 형제자매 중에서 제일 위입니까?

きょうだい し まい　　なか　　いち ばん うえ
あなたが兄弟姉妹の中で一番上ですか。

아나타가 쿄-다이 시마이노 나카데 이치방 우에 데스까?

06 가족과 함께 자주 나가십니까?

か ぞく　　いっ しょ　　　　で か
家族と一緒によく出掛けますか。

카조쿠토 잇쇼니 요쿠데 카케 마스까?

07 부인의 성함을 물어도 되겠습니까?

奥様のお名前をお聞きしてもいいですか。

오쿠사마노 오나마에오 오키키시테모 이-데스까?

08 부모님과 함께 살고 있습니까?

ご両親と一緒に住んでいますか。

고료-신토 잇쇼니 순데이마스까?

09 결혼했습니까?

結婚していますか。

켁콘시테 이마스까?

10 아이는 있나요?

お子さんはいますか。

오코상와 이마스카?

11 아이는 없습니다.

子供はいません。

코도모와 이마센

12 초등학생인 딸이 하나 있습니다.

小学生の娘が一人います。

쇼-가쿠세-노 무스메가 히토리 이마스

01 형제자매는 있으십니까?

兄弟姉妹はいらっしゃいますか。

쿄-다이 시마이와 이랏샤이마스까?

02 형제는 몇 분입니까?

ご兄弟は何人ですか。

고쿄-다이와 난닝 데스까?

03 형 한 명과 여동생 한 명 있습니다.

兄が一人と妹が一人います。

아니가 히토리토 이모-토가 히토리 이마스

04 전 외동입니다.

私は一人っ子です。

와타시와 히토릭코데스

05 부모님 연세는 몇입니까?

ご両親はおいくつですか。

고료-싱와 오이쿠츠 데스까?

06 할아버지와 할머니는 건강하십니까?

お祖父さんとお祖母さんはご健在ですか。

오지-상토 오바-상와 고켄자이 데스까?

날씨&계절에 관한 표현

가장 많이 쓰이는 회화

오늘은 날씨가 어떻습니까?

今日は天気はどうですか。

오늘은 따스하군요.

今日は暖かいですね。

당신이 가장 좋아하는 계절은?

あなたが一番好きな季節は。

나는 추운 겨울보다 따뜻한 봄을 좋아합니다.

私は寒い冬より暖かい春の方が好きです。

01 오늘은 날씨가 어떻습니까?

今日は天気はどうですか。

쿄-와 텡키와 도- 데스까?

---

02 오늘 일기예보는요?

今日の天気予報は。

쿄-노 텡키요호-와?

---

03 내일은 날씨가 좋아질까요?

明日は天気が良くなるでしょうか。

아시타와 텡키가 요쿠 나루 데쇼-까?

---

04 예보로는 맑고 가끔 흐리답니다.

予報では晴れ、時々曇りだそうです。

요호-데와 하레, 토키도키 쿠모리다 소-데스

---

05 일기예보에 의하면 내일은 비가 온답니다.

天気予報によると明日は雨だそうです。

텡키요호-니 요루토 아시타와 아메다 소-데스

---

06 요즘 날씨가 변덕스럽지 않습니까?

このごろ天気が変りやすくないですか。

코노고로 텡키가 카와리야스쿠 나이데스까?

77

01 날씨가 좋군요.

天気がいいですね。

텡키가 이-데스네

---

02 예, 정말 좋군요.

ええ、本当にいいですね。

에-, 혼토-니 이-데스네

---

03 멋진 날이군요.

すばらしい日ですね。

스바라시- 히데스네

---

04 아름다운 아침이군요.

美しい朝ですね。

우츠쿠시- 아사 데스네

---

05 기분전환하기에는 아주 좋은 날씨이군요.

気分転換には絶好の天気ですね。

키분텡칸니와 젝코-노 텡키 데스네

---

06 이런 날씨가 계속되면 좋겠군요.

こんな天気が続くといいですね。

콘나 텡키가 츠즈쿠토 이-데스네

78

07 오늘밤은 별이 예쁘다고 생각하지 않습니까?

今夜は星がきれいだと思いませんか。

콩야와 호시가 키레이다토 오모이마셍까?

---

08 별로 날씨지 좋지 않군요.

あまり天気が良くないですね。

아마리 텡키가 요쿠나이 데스네

---

09 또 비가 올 것 같군요.

また雨が降そうですね。

마타 아메가 후리소- 데스네

---

10 이런 날씨에는 짜증이 나요.

こういう天気にはうんざりしちゃいます。

코-유- 텡키니와 운자리 시챠이마스

---

11 무척 흐리군요.

とても曇っていますね。

토테모 쿠못테 이마스네

---

12 제법 바람이 있군요.

かなり風がありますね。

카나리 카제가 아리마스네

13 비가 심하게 오는군요.

雨がひどいですね。

あめ

아메가 히도이 데스네

---

14 점점 흐려지네요.

だんだん曇ってきましたよ。

くも

단당 쿠못테 키마시타요

---

15 당장이라도 비가 내릴 것 같아요.

すぐにでも雨が降りそうですよ。

あめ　ふ

스구니데모 아메가 후리소-데스요

---

16 비는 내리지 않을 것입니다.

雨は降らないと思います。

あめ　ふ　おも

아메와 후라나이토 오모이마스

---

17 이제 해가 나도 좋을 때네요.

もう日が照ってもいい頃ですね。

ひ　て　ころ

모-히가 텟테모 이- 코로데스네

---

18 밖에는 바람이 강하겠죠?

外は風が強いでしょう。

そと　かぜ　つよ

소토와 카제가 츠요이데쇼-?

19 바람이 완전히 멎었습니다.

風がすっかり止みました。

카제가 숙카리 야미마시타

20 정말 기분이 좋은 바람이죠?

本当に気持ちのいい風でしょ。

혼토-니 키모치노 이-카제데쇼?

21 이제 비는 그쳤습니까?

もう雨は止みましたか。

모- 아메와 야미마시타까?

22 아직 내리고 있습니다.

まだ降っています。

마다 훗테이마스

23 하지만, 곧 그칠 겁니다.

でも、すぐ止むと思います。

데모, 스구 야무토 오모이마스

24 그냥 소나기예요.

ただの通り雨ですよ。

타다노 토-리아메 데스요

01 오늘은 따스하군요.

今日は暖かいですね。

쿄-와 아타타카이 데스네

---

02 오늘은 시원하군요.

今日は涼しいですね。

쿄-와 스즈시- 데스네

---

03 오늘은 좀 춥군요.

今日はちょっと寒いですね。

쿄-와 춋토 사무이데스네

---

04 쌀쌀하군요.

冷え冷えしますね。

히에비에 시마스네

---

05 겨울이 되면 추워집니다.

冬になると寒くなります。

후유니 나루토 사무쿠나리마스

---

06 일본의 겨울은 춥습니까?

日本の冬は寒いですか。

니혼노 후유와 사무이데스까?

07 이 지방은 대체로 시원하고 쾌적하군요.

この地方はたいてい涼しくて快適ですね。

코노 치호-와 타이테이 스즈시쿠테 카이테키데스네

08 이 시기치고는 제법 따뜻하군요.

この時期にしてはかなり暖かいですね。

코노 지키니 시테와 카나리 아타타카이데스네

09 시원해서 기분이 좋군요.

涼しくて気持ちがいいですね。

스즈시쿠테 키모치가 이-데스네

10 오늘은 상당히 덥군요.

今日はとても暑いですね。

쿄-와 토테모 아츠이데스네

11 이 더위는 견딜 수 없습니다.

この暑さには耐えられません。

코노 아츠사니와 타에라레마센

12 더운 것은 괜찮은데, 습기는 싫습니다.

暑いのは平気ですが、湿気は嫌です。

아츠이노와 헤-키데스가, 식케와 이야데스

01 당신이 가장 좋아하는 계절은?

あなたが一番好きな季節は。

아나타가 이치반 스키나 키세츠와?

02 봄처럼 느껴지지 않아요?

春めいてきていると思いませんか。

하루메이테 키테이루토 오모이마셍까?

03 나는 추운 겨울보다 따뜻한 봄을 좋아합니다.

私は寒い冬より暖かい春の方が好きです。

와타시와 사무이 후유요리 아타타카이 하루노 호-가 스키데스

04 완전히 봄이군요.

すっかり春ですね。

숙카리 하루데스네

05 벚꽃은 지금이 볼만한 시기입니다.

桜は今が見頃ですよ。

사쿠라와 이마가 미고로 데스요

06 여름방학이 기다려집니다.

夏休みが楽しみです。

나츠야스미가 타노시미데스

07 장마가 들었습니다.

梅_{つゆ}雨に入_{はい}りました。

츠유니 하이리마시타

---

08 태풍이 다가오고 있습니다.

台風_{たいふう}が近_{ちか}づいています。

타이후-가 치카즈이테 이마스

---

09 가을 날씨는 변덕스러워요.

秋_{あき}の天気_{てんき}は変_{かわ}りやすいですよ。

아키노 텡키와 카와리 야스이데스요

---

10 나뭇잎이 모두 단풍잎으로 물들었네요.

木_この葉_ははすっかり紅葉_{こうよう}しました。

코노하와 슥카리 코-요- 시마시타

---

11 밖에는 눈이 내리고 있어요.

外_{そと}は雪_{ゆき}が降_ふっていますよ。

소토와 유키가 훗테 이마스요

---

12 어젯밤에는 서리가 내렸습니다.

昨夜_{さくや}は霜_{しも}が降_ふりました。

사쿠야와 시모가 후리마시타

85

가장 많이 쓰이는 회화

지금 몇 시입니까?

今、何時ですか。
いま なんじ

정각 정오입니다.

ちょうど正午です。
しょうご

모의고사는 며칠입니까?

模擬テストは何日ですか。
もぎ なんにち

1주일 후 목요일, 20일입니다.

一週間後の木曜日、20日です。
いっしゅうかんご もくようび はつか

01 지금 몇 시입니까?

今、何時ですか。

이마, 난지데스까?

02 8시 5분입니다.

8時5分です。

하치지 고훈데스

03 9시 5분 전입니다.

9時5分前です。

쿠지 고훈 마에데스

04 11시 15분이 지났습니다.

11時15分過ぎました。

쥬-이치지 쥬-고훈 스기마시타

05 정확한 시간은 어떻게 되죠?

正確な時間はどうなってます。

세-카쿠나 지캉와 도-낫테마스?

06 정각 정오입니다.

ちょうど正午です。

쵸-도 쇼-고데스

07 벌써 12시가 지났어요.

もう12時が過ぎましたよ。

모- 쥬-니지가 스기마시타요

---

08 5시가 다 됐습니다.

もう、5時になりました。

모- 고지니 나리마시타

---

09 몇 시에 약속이 있습니까?

何時に約束がありますか。

난지니 야쿠소쿠가 아리마스까?

---

10 이제 갈 시간입니다.

もう行く時間ですよ。

모- 이쿠 지칸데스요

---

11 몇 시에 도착입니까?

何時到着ですか。

난지 토- 챠쿠데스까?

---

12 15분만 일찍 가도 되겠어요?

15分だけ早く行ってもいいでしょうか。

쥬-고훈다케 하야쿠 잇테모 이-데쇼-까?

13 시간이 없어요.

時間がありませんよ。

지캉가 아리마센요

14 10시까지 들어가야 해요.

10時まで帰らなければなりません。

쥬-지마데 카에라나케레바 나리마센

15 아침에는 몇 시 무렵에 일어납니까?

朝は何時ごろ起きますか。

아사와 난지고로 오키마스까?

16 어젯밤은 몇 시에 잤습니까?

昨夜は何時に寝ましたか。

사쿠야와 난지니 네마시타까?

17 일은 9시부터 시작됩니다.

仕事は9時から始まります。

시고토와 쿠지카라 하지마리마스

18 통근은 어느 정도 걸립니까?

通勤にはどのくらいかかりますか。

츠-킨니와 도노 쿠라이 카카리마스까?

01 오늘은 무슨 요일입니까?

今日は何曜日ですか。

쿄-와 낭요-비 데스까?

---

02 오늘은 몇 월 며칠입니까?

今日は何月何日ですか。

쿄-와 낭가츠 난니치데스까?

---

03 당신의 생일은 언제입니까?

あなたの誕生日はいつ。

아나타노 탄죠-비와 이츠?

---

04 몇 년 생입니까?

何年の生まれですか。

난넨노 우마레데스까?

---

05 모레는 돌아오겠습니다.

明後日には帰って来ます。

아샷테니와 카엣테 키마스

---

06 시험은 언제부터입니까?

試験はいつからですか。

시켕와 이츠카라데스까?

07 1주일 후 목요일, 20일입니다.

一週間後の木曜日、20日です。
いっしゅうかん ご　もく よう び　はつ か

잇슈-캉고노 모쿠요-비, 하츠카데스

08 마감은 6월 말입니다.

締め切りは6月末です。
し　き　ろく がつ まつ

시메키리와 로쿠가츠 마츠데스

09 모의고사는 며칠입니까?

模擬テストは何日ですか。
も ぎ　なん にち

모기테스토와 난니치 데스까?

10 내년에 일본에 가려고 합니다.

来年、日本に行こうと思います。
らい ねん　に ほん　い　おも

라이넨, 니혼니 이코-토 오모이마스

11 이번 주까지 끝내기로 되어 있습니다만, 그러지 못할 것 같습니다.

今週までに終わる事になってますが、出来そう
こん しゅう　お　こと　で き
もありません。

콘슈-마데니 오와루 코토니 낫테마스가, 데키소-모 아리마센

12 그럼, 수요일에 만납시다.

じゃあ、水曜日に会いましょう。
すい よう び　あ

쟈-, 스이요-비니 아이마쇼-

현지에서 찐으로 통하는 회화는 따로 있다

주거에 관한 표현

가장 많이 쓰이는 회화

어디에 사십니까?

どこにお住まいですか。

독신자 전용 아파트에 살고 있습니다.

独身者専用のアパートに住んでいます。

서양식입니까, 일본식입니까?

洋風ですか、和風ですか。

전형적인 원룸 맨션입니다.

典型的なワンルームマンションです。

01 어디에 사십니까?

どこにお住まいですか。

도코니 오스마이 데스까?

02 독신자 전용 아파트에 살고 있습니다.

独身者専用のアパートに住んでいます。

도쿠신샤 셍요-노 아파-토니 순데이마스

03 어느 지방에 사십니까?

どの地方にお住まいですか。

도노 치호-니 오스마이 데스까?

04 어느 도시에 사십니까?

どの町にお住まいですか。

도노 마치니 오스마이 데스까?

05 주택공원에 새로 생간 단지로 옮겼습니다.

住宅公園に新しくできた団地へ移りました。

쥬-타쿠 코-엔니 아타라시쿠 데키타 단치에 우츠리마시타

06 전형적인 원룸 맨션입니다.

典型的なワンルームマンションです。

텡케이테키나 완루- 무만숀 데스

07 부엌, 목욕탕, 화장실은 있습니다.

キッチン、バス、トイレはあります。

킷친, 바스, 토이레와 아리마스

---

08 근무처에서는 어느 정도 멉니까?

勤務先からはどのくらい遠いですか。

킴무사키카라와 도노쿠라이 토-이 데스까?

---

09 숲은 풍부하지만, 통근에는 불편합니다.

緑は豊かですが、通勤には不便です。

미도리와 유타카 데스가, 츠-킨니와 후벤데스

---

10 도시의 집세는 비싸서요.

都会の家賃は高いですから。

토카이노 야칭와 타카이 데스카라

---

11 아파트를 찾고 있습니다.

アパートを探しています。

아파-토오 사가시테 이마스

---

12 조용한 교외에 살고 싶습니다.

静かな郊外に住みたいです。

시즈카나 코-가이니 스미타이데스

01 댁은 어떤 집입니까?

お宅はどんな家ですか。

오타쿠와 돈나 이에데스까?

02 서양식입니까, 일본식입니까?

洋風ですか、和風ですか。

요-후-데스까, 와후-데스까?

03 2층 건물로 작은 방이 세 개 있습니다.

二階建てで小さな部屋が3つあります。

니카이 다테데 치-사나 헤야가 밋츠 아리마스

04 1층에 거실과 식당이 있습니다.

一階に居間と食堂があります。

익카이니 이마토 쇼쿠도-가 아리마스

05 방 세 개는 일본식 다다미 방입니다.

3つの部屋は和式の畳部屋です。

밋츠노 헤야와 와시키노 타타미 베야데스

06 멋진 집이군요.

すばらしいお宅ですね。

스바라시- 오타쿠 데스네

07 이 방의 넓이는?

この部屋の広さは。

코노 헤야노 히로사와?

08 방의 넓이는 다다미 숫자로 잽니다.

部屋の広さは畳の数えです。

헤야노 히로사와 타타미노 카조에데스

09 저기가 도코노마입니다.

あそこが床の間です。

아소코가 토코노마데스

10 도코노마는 일본 집에는 반드시 있는 것입니까?

床の間は日本の家には必ずあるのですか。

토코노마와 니혼노 이에니와 카나라즈 아루노 데스까?

11 일본에서 맨션이라고 하면 철골 아파트를 말합니다.

日本でマンションと言うと、鉄筋アパートを言います。

니혼데 만숀토유-토, 텟킹 아파-토오 이-마스

12 이것이 장지문입니다.

これが障子です。

코레가 쇼-지데스

13 이 방에는 미닫이가 붙은 벽장이 두 개 있습니다.

この部屋には襖のついた押入れが2つあります。

코노 헤야니와 후스마노 츠이타오시이레가 후타츠 아리마스

---

14 저것이 일본의 전통적인 초가집입니다.

あれが日本の伝統的な藁ぶき屋根の家です。

아레가 니혼노 덴토-테키나 와라부키 야네노 이에데스

---

15 저게 장롱입니다.

あれが箪笥です。

아레가 탄스데스

---

16 계단은 어디로 통합니까?

階段はどこに通じてますか。

카이당와 도코니 츠-지테마스까?

---

17 2층에 아이들 침실이 있습니다.

2階に子供達の寝室があります。

니카이니 코도모타치노 신시츠가 아리마스

---

18 최신 설비가 갖춰 있군요.

最新の設備が揃ってますね。

사이신노 세츠비가 소롯테마스네

현지에서 찐으로 통하는 회화는 따로 있다

화술표현

PART

03

현지에서 찐으로 통하는 회화는 따로 있다

대화에 관한 표현

가장 많이 쓰이는 회화

이야기 좀 할 수 있을까요?

ちょっと、お話できますか。

네, 잠시 이야기 하도록 하죠.

はい、ちょっと話するようにしましょう。

지금 바쁘십니까?

今お忙しいですか。

시간을 많이 드릴 수 없습니다.

時間をあまり取ることはできせん。

01 이야기 좀 할 수 있을까요?

ちょっと、お話できますか。

촛토, 오하나시 데키마스까?

---

02 시간 좀 있으세요?

ちょっと、お時間ありますか。

촛토, 오지깡 아리마스까?

---

03 드릴 말씀이 있는데요.

お話ししたいんですが。

오하나시 시타인데스가

---

04 잠깐 이야기를 나누고 싶은데요.

少し話し合いたいんですが。

스코시 하나시 아이타인데스가

---

05 잠시만 이야기하면 됩니다.

少しだけ話出来ればいいです。

스코시다케 하나시 데키레바 이-데스

---

06 네, 잠시 이야기 하도록 하죠.

はい、ちょっと話するようにしましょう。

하이, 촛토 하나시 스루요-니 시마쇼-

01 좀 도와 드릴까요?

ちょっと手伝いましょうか。

춋토 테츠다이마쇼-까?

---

02 거래를 하고 싶습니다만.

取引をしたいんですが。

토리히키오 시타인 데스가

---

03 계약 건에 대해서 상담하고 싶은데요.

契約の件について相談したいんですが。

케-야쿠노 켄니 츠이테 소-단 시타인데스가

---

04 기무라 씨와 오늘 만나기로 약속을 했는데요.

木村さんと今日会う約束したんですが。

키무라상토 쿄- 아우 야쿠소쿠 시탄데스가

---

05 다나카 씨와 통화하고 싶은데요.

田中さんと通話したいんですが。

타나카상토 츠-와 시타인데스가

---

06 난처한 것 같은데요. 제가 할 수 있는 게 있습니까?

お困りのようですね。私に出来る事がありますか。

오코마리노 요-데스네. 와타시니 데키루 코토가 아리마스까?

01 여보세요.

もしもし。

모시모시

---

02 선생님, 실례합니다. 질문해도 되겠습니까?

先生。失礼します。質問してもよろしいでしょうか。

센세-, 시츠레-시마스. 시츠몬시테모 요로시-데쇼-까?

---

03 말씀 중에 실례합니다만, 잠깐 말씀 드리고 싶은 게 있는데요.

お話中失礼ですが。ちょっとお話したい事があるんですが。

오하나시쮸- 시츠레-데스가, 춋토 오하나시 시타이코토가 아룬데스가

---

04 지금 바쁘십니까?

今お忙しいですか。

이마 오이소가시-데스까?

---

05 저 죄송하지만…

あの、すみませんが…。

아노-, 스미마셍가…

---

06 시간을 많이 드릴 수 없습니다.

時間をあまり取ることはできせん。

지캉오 아마리 토루코토와 데키마센

가장 많이 쓰이는 회화

이제 알겠습니까?

もう分(わ)かりましたか。

아하, 알겠습니다.

ああ、分(わ)かりました。

말하고 있는 것을 알겠습니까?

言(い)っていることが分(わ)かりますか。

더 확실히 말해 주시겠어요?

もっとはっきり話(はな)してくれますか。

104

01 말하고 있는 것을 알겠습니까?

言っていることが分かりますか。

잇테이루 코토가 와카리마스까?

---

02 말 속도가 너무 빠른가요?

話し方が速すぎますか。

하나시카타가 하야스기 마스까?

---

03 이제 알겠습니까?

もう分かりましたか。

모- 와카리마시타까?

---

04 여러 가지 이야기했습니다만, 알아들었습니까?

いろいろ話しましたが、理解できませんでしたか。

이로이로 하나시마시타가, 리카이 데키마센 데시타까?

---

05 저, 내가 말하는 뜻은 알겠어요?

あのう、私の言う意味は分かるでしょう。

아노-, 와타시노 이우 이미와 와카루데쇼-?

---

06 그렇게 생각하세요?

そう思いますか。

소- 오모이마스까?

01 아하, 알겠습니다.

ああ、分かりました。

아-, 와카리마시타

---

02 아하, 잘 알았습니다.

ああ、よく分かりました。

아-, 요쿠 와카리마시타

---

03 그는 이해가 빨라.

彼は理解が早い。

카레와 리카이가 하야이

---

04 아아, 과연…

ああ、成る程…。

아-, 나루호도…

---

05 역시…, 그렇습니까?

やっぱり、そうですか。

얏파리, 소-데스까

---

06 저도 그렇게 생각합니다.

私もそう思います。

와타시모 소- 오모이마스

01 모르겠습니다.

分かりません。

와카리마셍

02 도무지 모르겠습니다.

さっぱり分かりません。

삿파리 와카리마셍

03 조사해 봐야 알겠습니다.

調べてみれば分かります。

시라베테 미레바 와카리마스

04 들은 적도 없습니다.

聞いた事もありません。

키-타 코토모 아리마셍

05 어렴풋이 밖에 모르겠습니다.

ぼんやりとしか分かりません。

봉야리토시카 와카리마셍

06 일본어는 아직 서투릅니다.

日本語はまだ下手です。

니홍고와 마다 헤타데스

01 예(뭐죠)!

はい。

하이!

---

02 뭡니까?

何<ruby>なん</ruby>ですか。

난데스까?

---

03 뭐라고 했니?

何<ruby>なん</ruby>て言<ruby>い</ruby>ったの。

난테 잇타노?

---

04 미안합니다, 뭐라고 하셨습니까?

すみません、何<ruby>なん</ruby>とおっしゃいまし たか。

스미마센, 난토 옷샤이 마시타까?

---

05 미안합니다. 다시 한 번 말씀해 주시겠습니까?

すみません、もう一度<ruby>いち ど</ruby>言<ruby>い</ruby>ってくださいませんか。

스미마센, 모- 이치도 잇테 쿠다사이 마셍까?

---

06 못 알아듣겠습니다. 다시 한 번 부탁합니다.

聞<ruby>き</ruby>き取<ruby>と</ruby>れません。もう一度<ruby>いち ど</ruby>お願<ruby>ねが</ruby>いします。

키키토레마센. 모- 이치도 오네가이시마스

07 더 확실히 말해 주시겠어요?

もっとはっきり話してくれますか。

못토 학키리 하나시테 쿠레마스까?

08 너무 빨라서 모르겠습니다. 천천히 말해 주시겠어요?

とても早すぎて分かりません。ゆっくり話してくれませんか。

토테모 하야스기테 와카리마셍. 육쿠리 하나시테 쿠레마셍까?

09 안 들립니다. 더 큰 소리로 부탁드려도 되나요?

聞こえません。もっと大きな声でお願いできますか。

키코에마셍. 못토 오오키나 코에데 오네가이 데키마스까?

10 「나카무라」 다음은 뭡니까?

「なかむら」の次は何ですか。

「나카무라」노 츠기와 난데스까?

11 무슨 뜻입니까?

どういう意味ですか。

도- 이우 이미데스까?

12 이 한자는 어떻게 읽습니까?

この漢字はどう読みますか。

코노 칸지와 도- 요미마스까?

01 맞습니다.

そのとおりです。

소노 토-리데스

---

02 그래 맞아!

そのとおり!

소노 토-리!

---

03 역시.

やっぱり。

얏파리

---

04 전적으로 동감입니다.

全く同感です。

맛타쿠 도-칸데스

---

05 그렇군요.

そうですね。

소-데스네

---

06 그렇습니까, 저도 그렇습니다.

そうですか、私もそうです。

소-데스까, 와타시모 소-데스

01 그러면 좋겠는데.

そうだといいんだけど。

소-다토 이-인다케도

---

02 그랬습니까?

そうでしたか。

소-데시타까?

---

03 정말입니까?

ほんとう
本当ですか。

혼토-데스까?

---

04 그렇습니까, 그거 안 됐군요.

そうですか、それはいけませんね。

소-데스까, 소레와 이케마센네

---

05 그런거 였어요?

そうだったんですか。

소-닷탄데스까?

---

06 뭐라고도 말할 수 없네요.

なん   い
何とも言えませんね。

난토모 이에마센네

현지에서 찐으로 통하는 회화는 따로 있다

대화 진행에 관한 표현

가장 많이 쓰이는 회화

자, 본론으로 들어갑시다.

さて、本論に入りましょう。

최종적으로는 다수결로 갑시다.

最終的には多数決で行きましょう。

저어, 어디까지 말했더라.

あのう、どこまで話したかな。

그럼 다음 문제로 넘어갑시다.

では次の問題に移りましょう。

01 자, 본론으로 들어갑시다.

さて、本論に入りましょう。

사테, 홍론니 하이리마쇼-

02 그럼 다음 문제로 넘어갑시다.

では次の問題に移りましょう。

데와 츠기노 몬다이니 우츠리마쇼-

03 여기에서, 좀 쉴까요?

ここで、少し休みましょうか。

코코데, 스코시 야스미마쇼-까?

04 농담은 그만 하고, 상황은 어떻게 되었습니까?

冗談はさておいて、状況はどうなっていますか。

죠-당와 사테오이테, 죠-쿄-와 도-낫테 이마스까?

05 그런데 그건 무척 맛있는데, 누가 만들었지?

ところでそれはとても美味しいですね、誰が作ったの。

토코로데 소레와 토테모 오이시데스네, 다레가 츠쿳타노?

06 그건 그렇고 홍차 한 잔 드시겠어요?

それはそうと紅茶一杯いかがですか。

소레와 소-토 코-챠 잇파이 이카가데스까?

113

01 그건 그렇다 치고….

それはさておき…。

소레와 사테오키…

---

02 실은 저도….

実は私も…。
じつ　　わたし

지츠와 와타시모…

---

03 솔직히 말해서….

正直に言って…。
しょうじき　　い

쇼-지키니 잇테…

---

04 사실은….

本当はですね。
ほんとう

혼토-와 데스네

---

05 저어….

あのう…。

아노- …

---

06 굳이 말하자면….

強いて言うなら…。
し　　い

시-테 이우나라…

01 뭐라고 말을 했더라.

何と言ったかな。

난토 잇타카나

---

02 저어, 어디까지 말했더라.

あのう、どこまで話したかな。

아노-, 도코마데 하나시타카나

---

03 도무지 마땅한 말이 생각이 나질 않아서요….

どうも適当な言葉が思いつかないのですが…。

도-모 테키토-나 코토바가 오모이 츠카나이노 데스가…

---

04 뭐라고 하면 좋을지….

何と言ったら良いのか…。

난토 잇타라 이-노카…

---

05 일본어로는 뭐라고 하는데….

日本語では何と言うんですか…。

니홍고데와 난토 이운데스까…

---

06 제가 알기로는….

私の知る限りでは…。

와타시노 시루 카기리데와…

115

01 아, 생각났다….

あ、思い出した…。

아, 오모이다시타…

---

02 지금 생각이 났는데, 벌써 다나카 씨를 만났습니까?

今思い出しましたが、もう田中さんに会いましたか。

이마 오모이다시마시타가, 모- 타나카상니 아이마시타까?

---

03 지금 생각이 났는데, 그걸 살 수 있는 가게가 근처에 없나.

今思い出したんだけど、それが買える店が近くにないかな。

이마 오모이다시탄다케도, 소레가 카에루 미세가 치카쿠니 나이카나

---

04 잊기 전에 묻겠는데, 오후에는 어디 가니?

忘れないうちに聞きますけど、午後にどこか行く。

와스레나이 우치니 키키마스케도, 고고니 도코카 이쿠?

---

05 화제가 바뀌기 전에 말하면….

話題が変わらないうちに言えば…。

와다이가 카와라나이 우치니 이에바…

---

06 요컨대, 제가 말하고 싶었던 것은….

つまり、私が言いたかったのは…。

츠마리, 와타시가 이-타캇타노와…

01 어쨌든….

どっちにしても…。

돗치니 시테모…

---

02 아무튼 보러 가보자.

とにかく見に行ってみよう。

토니카쿠 미니 잇테미요-

---

03 어쨌든 미리 배를 채워둘 필요가 있군.

いずれにしても腹ごしらえする必要があるね。

이즈레니시테모 하라고시라에스루 히츠요-가 아루네

---

04 예를 들면 술이나 담배를 끊어야 해요.

例えば、酒とかタバコは止めなくては。

타토에바, 사케토카 타바코와 야메나쿠테와

---

05 결국은 당신의 의견으로 합시다.

結局はあなたの意見にしましょう。

켓쿄쿠와 아나타노 이켄니 시마쇼-

---

06 최종적으로는 다수결로 갑시다.

最終的には多数決で行きましょう。

사이슈- 테키니와 타스- 케츠데 이키마쇼-

현지에서 찐으로 통하는 회화는 따로 있다

감정표현

PART 04

현지에서 찐으로 통하는 회화는 따로 있다

기쁨&즐거움에 관한 표현

가장 많이 쓰이는 회화

이렇게 기쁜일은 없습니다.

これほど嬉しい事はありません。

훌륭합니다.

お見事です。

우와, 멋지다.

うわあ、素晴らしい。

기분이 최고야.

最高の気分だ。

01 꿈을 이뤄냈어!

夢を果たしたよ!

유메오 하타시타요!

02 이렇게 기쁜일은 없습니다.

これほど嬉しい事はありません。

코레호도 우레시- 코토와 아리마센

03 감동했습니다.

感動しました。

칸도- 시마시타

04 기분이 최고야.

最高の気分だ。

사이코-노 키분다

05 그거 유쾌하네.

それは愉快だ。

소레와 유카이다

06 즐거워.

楽しい。

타노시-

01 좋아해.

好きだ。

스키다

02 이 옷 마음에 들어.

この服、気に入った。

코노 후쿠, 키니잇타

03 피자를 정말 좋아해.

ピザが大好き。

피자가 다이스키

04 커피보다 홍차를 좋아해.

コーヒーより紅茶が好き。

코-히- 요리 코-챠가스키

05 저는 토마토 스프가 좋습니다.

私はトマトスープが好きです。

와타시와 토마토 스-푸가 스키데스

06 일본요리가 완전히 마음에 들었어.

日本料理がすっかり気に入った。

니홍 료-리가 숙카리 키니잇타

07 초밥을 좋아하게 되었어.

寿司が好きになった。

스시가 스키니낫타

08 점점 그녀가 좋아졌어.

だんだん彼女が好きになってきた。

단당 카노죠가 스키니 낫테키타

09 야구에 관심을 갖게 되었어.

野球に関心を持つようになったよ。

야큐-니 칸싱오 모츠요-니 낫타요

10 이건 재미있을 것 같아.

これは面白そうだ。

코레와 오모시로 소-다

11 흥미 있어.

興味がある。

쿄-미가 아루

12 경치가 좋군요.

景色がいいですね。

케시키가 이-데스네

01 잘 어울려요.

とても似合うよ。

토테모 니아우요

02 고마워요. 저도 마음에 듭니다.

ありがとう。私も気に入ってるんです。

아리가토-. 와타시모 키니 잇테룬데스

03 멋져요! 내가 가지고 싶었던 것은 이거예요.

すばらしい! 私が欲しかったのはこれよ。

스바라시-! 와타시가 호시캇타노와 코레요

04 잘 했어요.

よくやりましたね。

요쿠 야리마시타네

05 훌륭합니다.

お見事です。

오미고토데스

06 칭찬해 주셔서 고마워요.

お誉めいただいてありがとう。

오호메이 타다이테 아리가토-

124

07 그에게 박수를 보냅시다.

彼に拍手を送りましょう。

카레니 하쿠슈오 오쿠리마쇼-

08 우와, 멋지다.

うわあ、素晴らしい。

우와-, 스바라시-

09 정말 예쁘죠?

本当に綺麗でしょう。

혼토-니 키레이데쇼-?

10 재미있군요!

面白いですね!

오모시로이 데스네!

11 에-, 이거 대단하군!

へえ、これはすごい!

헤-, 코레와 스고이!

12 잘 했어.

よくやった。

요쿠얏타

노여움&슬픔&체념에 관한 표현

가장 많이 쓰이는 회화

너는 도대체 무슨 생각을 하는 거니?

君
きみ
は一体
いったい
何
なに
を考
かんが
えているの。

바보 취급하지 마!

馬鹿
ばか
扱
あつか
いするな!

아무것도 할 마음이 생기지 않아.

何
なに
もやる気
き
が起
お
きない。

유감이군요.

残念
ざんねん
ですね。

126

01 변명 하지마.

言い訳をするな。

이- 와케오 스루나

02 어떤 변명도 듣고 싶지 않아.

どんな言い訳も聞きたくない。

돈나 이-와케모 키키타쿠나이

03 너는 도대체 무슨 생각을 하는 거니?

君は一体何を考えているの。

키미와 잇타이 나니오 캉가에테 이루노?

04 입에 발린 말을 하는 게 아니야!

口先だけの事を言うんじゃない!

쿠치사키다케노 코토오 이운쟈나이!

05 나에게 명령하지 마!

私に命令するな!

와타시니 메-레이 스루나!

06 너는 나의 신경을 거슬리게 해.

君は私の神経に触るんだよ。

키미와 와타시노 싱케-니 사와룬다요

07 바보 취급하지 마!

ばかあつか
馬鹿扱いするな!

바카아츠카이 스루나!

---

08 이제 참을 수 없어.

が まん
もう我慢できない。

모- 가만 데키나이

---

09 뻔뻔스럽게 잘도 말하는군.

い
ぬけぬけとよく言うよ。

누케누케토 요쿠 이우요

---

10 그건 뻔뻔스런 이야기야.

むし   はなし
それは虫のいい話だ。

소레와 무시노 이-하나시다

---

11 그건 잘 알고 있어.

こと   ひゃく   しょう ち
そんな事は百も承知だ。

손나 코토와 햐쿠모 쇼-치다

---

12 당치도 않은 말 하지마!

こと い
とんでもない事、言うな!

톤데모나이 코토, 이우나!

01 **진정해요!**

落ち着いて!

오치츠이테!

02 **그렇게 정색하면서 말 하지마.**

そうむきになって言うな。

소- 무키니 낫테 이우나

03 **없던 걸로 하자.**

無かった事にしよう。

나캇타 코토니 시요-

04 **화해하자.**

仲直りしよう。

나카나 오리시요-

05 **그렇게 굳어있지 마.**

そんなに固くなるな。

손나니 카타쿠 나루나

06 **당황할 필요는 없습니다.**

慌てる必要はないです。

아와테루 히츠요-와 나이데스

01 슬퍼.

悲しい。

카나시-

---

02 나는 슬픔에 잠겼어.

私は悲しみに暮れていた。

와타시와 카나시미니 쿠레테이타

---

03 어머나, 가여워라!

あら、可哀想。

아라, 카와이소-

---

04 가슴이 찢어지는 듯한 아픔이었어.

胸が張り裂けるような痛みだった。

무네가 하리사케루 요-나 이타미닷타

---

05 내 마음은 아무도 몰라.

私の心は誰も分からない。

와타시노 코코로와 다레모 와카라나이

---

06 오늘 그는 기분이 다운돼 있어.

今日彼は沈んでいるよ。

쿄- 카레와 시즌데 이루요

07 직장을 잃어서 우울해.

しょく ば　　うしな　　　ゆう うつ
職場を失って憂鬱だ。

쇼쿠바오 우시낫테 유-우츠다

---

08 비가 내리는 날은 마음도 우중충해.

あめ　　ひ　　こころ　　うっ とう
雨の日は心も鬱陶しいね。

아메노 히와 코코로모 웃토-시-네

---

09 아무것도 할 마음이 생기지 않아.

なに　　　　き　　お
何もやる気が起きない。

나니모 야루키가 오키나이

---

10 왜 우울해? 무슨 일 있어?

ゆう うつ　　　　　　なに
どうして憂鬱なの。何かあったの。

도-시테 유-우츠나노? 나니카 앗타노?

---

11 우울해 보여?

ゆう うつ　　　み
憂鬱に見える。

유-우츠니 미에루?

---

12 그는 우울한 얼굴을 하고 있어.

かれ　　ゆう うつ　　　かお
彼は憂鬱な顔をしている。

카레와 유-우츠나 카오오 시테이루

01 실망이야.

失望だ。

시츠보-다

---

02 유감이군요.

残念ですね。

잔넨데스네

---

03 그렇게 분발했는데.

あんなに頑張ったのに。

안나니 감밧타노니

---

04 실망하지 마.

気を落とさないで。／失望しないで。

키오 오토사나이데 / 시츠보- 시나이데

---

05 실패했어.

失敗したよ。

싯파이 시타요

---

06 달리 어쩔 도리가 없어.

他にどうしようもないんだ。

호카니 도- 시요-모 나인다

01 시간낭비야.

時間の無駄だよ。
じ かん む だ

지칸노 무다다요

02 쓸데없이 고생했어.

無駄な苦労だった。
む だ く ろう

무다나 쿠로-닷타

03 포기했어.

諦めたよ。
あきら

아키라메타요

04 이제 그만할래.

もうやめるよ。

모- 야메루요

05 미래가 없어.

見込み無しだ。
み こ な

미코미나시다

06 이제 이 회사에 미련이 없어.

もうこの会社に未練はない。
かい しゃ み れん

모- 코노 카이샤니 미렝와나이

01 저런 짓을 하지 않았으면 좋았을걸.

あんな事をしなければよかったのに。

안나 코토오 시나케레바 요캇타노니

---

02 바보 같은 짓을 하고 말았어.

馬鹿な事をしてしまった。

바카나 코토오 시테시맛타

---

03 그런 짓을 하다니 나도 경솔했어.

そんな事をするなんて私も軽率だった。

손나 코토오 스루난테 와타시모 케-소츠닷타

---

04 내가 한 일을 후회하고 있어.

自分のした事を後悔している。

지분노 시타 코토오 코-카이시테이루

---

05 다른 방법이 없었어.

他に方法はなかったんだ。

호카니 호-호-와 나캇탄다

---

06 너무 했어.

やり過ぎだよ。

야리스기다요

07 너무 긴장했어.

とても緊張した。

토테모 킨쵸-시타

08 더 공부했으면 좋았을걸.

もっと勉強しておけばよかったのに。

못토 벵쿄-시테 오케바 요캇타노니

09 저런 말을 하지 않았으면 좋았을걸.

あんな事を言わなければよかったのに。

안나 코토오 이와나케레바 요캇타노니

10 그에게 물어보는 게 좋았을 텐데.

彼に聞いておけばよかったのに。

카레니 키-테 오케바 요캇타노니

11 깜빡 잊고 있었어.

うっかり忘れていた。

욱카리 와스레테이타

12 후회하지 말아요.

後悔しないでね。

코-카이 시나이데네

놀라움&의심&난처함에 관한 표현

가장 많이 쓰이는 회화

깜짝 놀랐잖아.

びっくりしたじゃないか。

어떡하면 좋지?

どうしたらいいか。

그런 이야기는 못 믿겠어.

そんな話は信じられないよ。

기가 막혀!

あきれた!

01 깜짝 놀랐잖아.

びっくりしたじゃないか。

빅쿠리시타쟈나이까

02 그거 놀라운데!

それは驚きだ!

소레와 오도로키다!

03 어머, 너야?

まあ、君なの。

마-, 키미나노?

04 기가 막혀!

あきれた!

아키레타!

05 아차! 큰일 났다!

あっ、しまった!

앗, 시맛타!

06 이미, 네기 어떻게 아니?

おや、君がどうして分かるの。

오야, 키미가 도-시테 와카루노?

01 정말이니?

本当なの。

혼토-나노?

---

02 본심이야?

本気。/ まじ。

홍키? / 마지?

---

03 뭔가 이상한데.

何だかあやしいな。

난다카 아야시-나

---

04 그런 이야기는 못 믿겠어.

そんな話は信じられないよ。

손나 하나시와 신지라레나이요

---

05 그건 처음 듣는데.

それは初耳だ。

소레와 하츠미미다

---

06 믿기 어려워!

信じがたい!

신지가타이!

01 어떡하면 좋지?

どうしたらいいか。

도- 시타라 이-카?

02 이거 난처한데.

これは困ったぞ。

코레와 코맛타조

03 곤란한 문제야.

困った問題だ。

코맛타 몬다이다

04 뭐라고 말씀드리면 좋을지 모르겠습니다.

何と申し上げて言いのか、分かりません。

난토 모-시아게테 이-노카 와카리마센

05 앗, 미안!

おっ、ごめん!

옷, 고멘!

06 정말로 어떻게 하면 좋을까?

本当にどうしたらいいんだろう。

혼토-니 도-시타라 이인다로-

139

현지에서 찐으로 통하는 회화는 따로 있다

불평&비난에 관한 표현

가장 많이 쓰이는 회화

이제 진절머리가 나.

もう、うんざりだ。

이거 완전 돈과 시간 낭비야.

これは完全にお金と時間の無駄や。

농담도 적당히 해!

冗談もいい加減にして!

까불지마!

ふざけるな!

01 젠장! 전철을 놓쳤어. (남자 말)

くそっ! 電車に乗り遅れた。

쿠솟! 덴샤니 노리오쿠레타

02 아뿔싸. 잊었다.

あっ、しまった。忘れた。

앗, 시맛타. 와스레타

03 어떻게 해줘요.

何とかしてよ。

난토카 시테요

04 너무 바빠.

忙しすぎるよ。

이소가시 스기루요

05 이 일은 나에게는 너무 버거워요.

この仕事は私にはきつすぎます。

코노 시고토와 와타시니와 키츠스기마스

06 머리가 돌겠어.

頭が変になるよ。

아타마가 헨니 나루요

141

07 이거 완전 돈과 시간 낭비야.

これは完全にお金と時間の無駄や。

코레와 칸젠니 오카네토 지칸노 무다야

---

08 이렇게 적은 월급으로는 살 수가 없어.

こんな少ない給料では生活できないよ。

콘나 스쿠나이 큐-료-데와 세-카츠 데키나이요

---

09 네가 말한 것은 납득이 안 돼.

君の言うことは納得できない。

키미노 이우 코토와 낫토쿠 데키나이

---

10 오늘따라 그는 시비조야.

今日に限って彼は喧嘩腰だ。

쿄-니 카깃테 카레와 켕카고시다

---

11 그는 나에게 불공평해.

彼は私に不公平だ。

카레와 와타시니 후코-헤이다

---

12 10분 만에 맞추는 것은 무리야.

十分で間に合わせるのは無理だ。

줏푼데 마니아와세루노와 무리다

01 이거 싫어.

これ、いやだ。

코레, 이야다

---

02 이거 마음에 들지 않아.

これ、気に入らない。

코레, 키니 이라나이

---

03 나는 안 좋아해.

私は好きじゃない。

와타시와 스키쟈나이

---

04 그를 보는 것도 싫어.

彼を見るのも嫌だ。

카레오 미루노모 이야다

---

05 이제 진절머리가 나.

もう、うんざりだ。

모-, 운자리다

---

06 일이 마음이 내키지 않아.

仕事に気が乗らないよ。

시고토니 키가 노라나이요

01 거짓말쟁이!

嘘つき!

우소츠키!

02 겁쟁이!

意気地無し!

이쿠지나시!

03 네가 이야기를 꾸며낸 거였니?

君は話をでっち上げたのか。

키미와 하나시오 뎃치 아게타노까?

04 농담도 적당히 해!

冗談もいい加減にして!

죠-담모 이-카겐니시테!

05 그만 놀려.

からかうのはやめて。

카라카우노와 야메테

06 너가 한 말 당장 취소해.

自分の言った事をすぐ取り消しなさい。

지분노 잇타 코토오 스구 토리케시나사이

144

07 속임수야.

インチキだ。

인치키다

08 까불지마!

ふざけるな!

후자케루나!

09 시치미 떼지 마!

とぼけるな!

토보케루나!

10 너는 나를 속였어.

君は私を騙しただろう。

키미와 와타시오 다마시타다로-

11 정말 은혜도 모르는 놈이다!

何て恩知らずな奴だ!

난테 온시라즈나 야츠다!

12 아, 정말 재수 없어.

あ、本当に付いてない。

아, 혼토-니 츠이테나이

현지에서 찐으로 통하는 회화는 따로 있다

동정&부끄러움에 관한 표현

가장 많이 쓰이는 회화

아무것도 못 해줘서 미안해.

何もしてあげられなくて、ごめんね。

마음은 잘 알겠습니다.

お気持ちはよく分かります。

부끄러운 줄 알아!

恥を知れ！

창피를 주지 마!

恥をかかせるな！

01 딱해라.

可哀想に。
_{か わい そう}

카와이소-니

02 그거 안됐군요.

それはいけませんね。

소레와 이케마센네

03 아아, 유감이군요.

ああ、残念ですね。
_{ざん ねん}

아-, 잔넨데스네

04 너무 심해.

可てひどいことを。
_{なん}

난테 히도이 코토오

05 운이 없었군요.

運がなかったですね。
_{うん}

웅가 나캇타 데스네

06 마음은 잘 알겠습니다.

お気持ちはよく分かります。
_{き も} _わ

오키모치와 요쿠 와카리마스

07 아무것도 못 해줘서 미안해.

何もしてあげられなくて、ごめんね。

나니모시테 아게라레나쿠테, 고멘네

---

08 아까운 분을 잃으셨습니다.

惜しい人を亡くしましたね。

오시- 히토오 나쿠시마시타네

---

09 상심이 크시겠습니다.

心の痛みが大きいですね。

코코로노 이타미가 오-키이 데스네

---

10 깊은 위로의 말씀을 드립니다.

深く慰めの言葉を申し上げます。

후카쿠 나구사메노 코토바오 모-시 아게마스

---

11 유감이지만 힘을 내요.

残念ですが元気を出して。

잔넨데스가 겡키오 다시테

---

12 부디 낙심하지 마십시오.

どうか気を落とさないでください。

도-카 키오 오토사나이데 쿠다사이

01 부끄러워.

恥ずかしい。

하즈카시-

---

02 나로서도 부끄럽구나.

私としても恥ずかしいな。

와타시토 시테모 하즈카시-나

---

03 부끄러운 줄 알아!

恥を知れ!

하지오시레!

---

04 저 녀석은 전혀 부끄러워할 줄 몰라.

あいつは全くの恥知らずだ。

아이츠와 맛타쿠노 하지시라즈다

---

05 부끄러워하지 말아요.

恥ずかしがらないでください。

하즈카시 가라나이데 쿠다사이

---

06 창피를 주지 마!

恥をかかせるな!

하지오 카카세루나!

현지에서 찐으로 통하는 회화는 따로 있다

화제표현

PART

05

현지에서 찐으로 통하는 회화는 따로 있다

성격&태도에 관한 표현

가장 많이 쓰이는 회화

자신의 성격이 어떻다고 생각합니까?

じぶん せいかく おも
自分の性格はどんなだと思いますか。

저는 성격이 급한 편입니다.

わたし き みじか ほう
私は気が短い方です。

그는 어떤 사람입니까?

かれ ひと
彼はどんな人ですか。

그는 장난꾸러기입니다.

かれ ぼう ず
彼はわんぱく坊主です。

01 **자신의 성격이 어떻다고 생각합니까?**

自分の性格はどんなだと思いますか。

지분노 세-카쿠와 돈나다토 오모이마스까?

02 **무슨 일에 대해서도 낙천적입니다.**

何事に対しても楽天的です。

나니고토니 타이시테모 라쿠텐테키데스

03 **다소 비관적인 성격입니다.**

多少悲観的な性格です。

타쇼- 히칸테키나 세-카쿠데스

04 **자신이 외향적이라고 생각합니까, 내성적이라고 생각합니까?**

自分が外向的だと思いますか、内向的だと思いますか。

지붕가 가이코-테키다토 오모이마스까, 나이코-테키다토 오모이마스까?

05 **나는 외향적이라고 생각하고 있습니다만, 실은 낯가림을 합니다.**

私は外向的だと思いますが、実は人見知りをします。

와타시와 가이코-테키다토 오모이마스가, 지츠와 히토미시리오 시마스

06 **나는 붙임성이 있다고 생각하고 있습니다.**

私は愛想があると思っています。

와타시와 아이소가 아루토 오못테 이마스

153

07 나 스스로도 적극적인지 소극적인지 잘 모르겠습니다.

自分自信も積極的なのか消極的なのかよくわかりません。

지분지심모 섹쿄쿠테키나노까 쇼-쿄쿠테키나노까 요쿠 와카리마센

---

08 친구는 쉽게 사귀는 편입니까?

友達はすぐできる方ですか。

토모다치와 스구 데키루 호-데스까?

---

09 모르는 사람에게도 말을 잘 거는 편입니다.

知らない人にもよく話しかける方です。

시라나이 히토니모 요쿠 하나시카케루 호-데스

---

10 저는 성격이 급한 편입니다.

私は気が短い方です。

와타시와 키가 미지카이 호-데스

---

11 소극적인 편입니다.

消極的な方です。

쇼-쿄쿠테키나 호-데스

---

12 나는 성격이 자매와는 전혀 다릅니다.

私は性格が姉妹とは全然違います。

와타시와 세-카쿠가 시마이토와 젠젠 치가이마스

01 그는 어떤 사람입니까?

彼はどんな人ですか。

카레와 돈나 히토데스까?

02 매우 마음이 따뜻한 남자이에요.

とても心の暖かい男の人ですよ。

토테모 코코로노 아타타카이 오토코노 히토데스요

03 그는 유머가 있어서 함께 있으면 즐거워요.

彼はユーモアがあって、一緒にいると楽しいですよ。

카레와 유-모아가 앗테, 잇쇼니 이루토 타노시-데스요

04 성실한 여자입니다.

誠実な女性です。

세-지츠나 죠세-데스

05 매우 머리가 좋은 아가씨이지만, 게으름을 피우는 경우도 있어.

とても頭のいい娘ですが、怠ける時もある。

토테모 아타마노 이-코데스가, 나마케루 토키모 아루

06 재치가 있다고는 할 수 없지만, 무척 근면한 사람입니다.

気が利くとは言えませんが、とても勤勉な人です。

키가 키쿠토와 이에마센가, 토테모 킴벤나 히토데스

155

07 품위 있는 분이시네요.

上品な方ですね。
じょうひん　かた

죠-힌나 카타데스네

---

08 그의 장점은 유머 센스라고 생각합니다.

彼の長所はユーモアセンスだと思います。
かれ　ちょうしょ　　　　　　　　　　　　おも

카레노 쵸-쇼와 유-모아 센스다토 오모이마스

---

09 저는 누구하고도 협력할 수 있습니다.

私は誰とでも協力できます。
わたし　だれ　　　　きょうりょく

와타시와 다레토데모 쿄-료쿠 데키마스

---

10 친구는 나를 언제나 밝다고 말해 줍니다.

友達は私の事をいつも明るいと言ってくれます。
とも だち　わたし　こと　　　　あか　　　い

토모다치와 와타시노 코토오 이츠모 아카루이토 잇테 쿠레마스

---

11 우호적이고 배려하는 마음이 있다고 들을 때도 있습니다.

友好的で思いやりがあると言われる時もあります。
ゆう こう てき　おも　　　　　　　　　い　　　　とき

유-코-테키데 오모이야리가 아루토 이와레루 토키모 아리마스

---

12 섬세하기도 하지만 동시에 대범하기도 하다고 생각하고 있습니다.

繊細であると同時におおらかでもあると思っています。
せん さい　　　　　どう じ　　　　　　　　　おも

센사이데 아루토 도-지니 오-라카데모 아루토 오못테 이마스

13 덜렁댑니다. 그게 약점이라고 알고 있습니다.

そそっかしいです。それが弱点だと分かっています。

소속카시-데스. 소레가 쟈쿠텐다토 와캇테 이마스

---

14 그녀는 좀 마음이 좁고 완고한 것이 결점입니다.

彼女はちょっと心が狭くて頑固なところが欠点です。

카노죠와 춋토 코코로가 세마쿠테 강코나 토코로가 켓텐데스

---

15 무엇이든 느릿느릿 하는 좋지 않는 버릇이 있습니다.

何でものろのろする良くない癖があります。

난데모 노로노로 스루 요쿠나이 쿠세가 아리마스

---

16 가끔 말을 너무 많이 하는 경우도 있습니다.

時々しゃべすぎる事があります。

토키도키 샤베스기루 코토가 아리마스

---

17 그는 사소한 것에 상당히 까다로운 사람입니다.

彼は細かい事にとても口うるさい人です。

카레와 코마카이 코토니 토테모 쿠치 우루사이 히토데스

---

18 그는 장난꾸러기입니다.

彼はわんぱく坊主です。

카레와 왐파쿠 보-즈 데스

현지에서 찐으로 통하는 회화는 따로 있다

친구&연애에 관한 표현

가장 많이 쓰이는 회화

요시다는 당신 친구죠?

よし だ

吉田はあなたの友達でしょ。
とも だち

그녀는 그저 친구예요.

かの じょ

彼女はただの友達ですよ。
とも だち

이성 친구는 있습니까?

い せい

異性の友達はいますか。
とも だち

그녀와 연애중입니다.

かの じょ

彼女と恋愛中です。
れん あい ちゅう

01 기무라는 제 친구(동료)입니다.

木村は私の友達(同僚)です。

키무라와 와타시노 토모다치(도-료-)데스

02 요시다는 당신 친구죠?

吉田はあなたの友達でしょ。

요시다와 아나타노 토모다치 데쇼?

03 우리들은 사이가 좋습니다.

私達は仲が良いです。

와타시타치와 나카가 이-데스

04 아키코 양은 언제부터 아는 사이였습니까?

明子さんはいつからの知り合いでしたか。

아키코상와 이츠카라노 시리아이 데시타까?

05 그녀는 그저 친구예요.

彼女はただの友達ですよ。

카노죠와 타다노 토모다치 데스요

06 이 회사에서 가장 친한 사람은 누구입니까?

この会社で一番親しい人は誰ですか。

코노 카이샤데 이치방 시타시- 히토와 다레데스까?

07 저 녀석은 사귀기 힘든 면도 있지만, 내 친구 중에 한 사람입니다.

あいつは付き合いにくい面もあるが、私の友達
の一人です。

아이츠와 츠키아이니쿠이 멘모 아루가, 와타시노 토모다치노 히토리데스

08 친구를 만들기는 쉽지만, 계속 친구로 있는 것은 어렵군요.

友達を作るのは易しいが、ずっと友達でいるの
は難しいですね。

토모다치오 츠쿠루노와 야사시-가, 즛토 토모다치데 이루노와 무즈카시-데스네

09 학창시절에 친구를 사귀는 것은 좋은 일이라고 생각합니다.

学生時代の友達と付き合うのはいいことだと思
います。

가쿠세- 지다이노 토모다치토 츠키아우노와 이- 코토다토 오모이마스

10 당신 이외에 외국인 친구가 없습니다.

あなた以外に外国人の友達がいません。

아나타 이가이니 가이코쿠징노 토모다치가 이마센

11 그는 이른바 술친구입니다.

彼はいわゆる飲み友達です。

카레와 이와유루 노미 토모다치 데스

01 이성 친구는 있습니까?

異性の友達はいますか。

이세-노 토모다치와 이마스까?

---

02 특별히 사귀고 있는 누군가가 있습니까?

誰か特別に付き合っていますか。

다레카 토쿠베츠니 츠키앗테 이마스까?

---

03 여동생을 소개해주시면 안 될까요?

妹さんを紹介してくれないか。

이모-토상오 쇼-카이시테 쿠레나이까?

---

04 이번 일요일에 그녀와 데이트합니다.

今度の日曜日に彼女とデートします。

콘도노 니치요-비니 카노죠토 데-토 시마스

---

05 데이트 비용은 전부 남자가 내야 한다고 생각합니까?

デートの費用は全部男が持つべきだと思いますか。

데-토노 히요-와 젬부 오토코가 모츠베키다토 오모이마스까?

---

06 첫사랑은 12살 때였습니다.

初恋は12歳の時でした。

하츠코이와 쥬-니사이노 토키데시타

01 그녀와 연애중입니다.

彼女と恋愛中です。

카노죠토 렝아이츄-데스

---

02 기무라는 내 여동생에게 첫눈에 반해 버렸습니다.

木村は私の妹に一目惚れしてしまいました。

키무라와 와타시노 이모-토니 히토메보레시테 시마이마시타

---

03 어울리는 커플이야.

お似合いのカップルだ。

오니아이노 캅푸루다

---

04 우리들은 사이좋게 잘 지내고 있습니다.

私達は仲良くとてもうまく行っています。

와타시타치와 나카요쿠 토테모 우마쿠 잇테이마스

---

05 그 사람과는 인연을 끊었어요.

あの人とは縁を切りました。

아노 히토토와 엥오 키리마시타

---

06 이제 안 만나는 게 좋겠어.

もう会わない方がいいね。

모- 아와나이 호-가 이-네

162

07 두 사람은 최근에 헤어진 것 같아.

二人は最近別れたらしいよ。

후타리와 사이킹 와카레타라시-요

08 마츠모토 씨와는 아직 사귀고 있니?

松本さんとはまだ付き合ってるの。

마츠모토상토와 마다 츠키앗테루노?

09 기무라와 헤어졌다니 정말이니?

木村と別れたって本当。

키무라토 와카레탓테 혼토-?

10 그녀와 화해하려고 했는데 안 됐습니다.

彼女と仲直りしようとしたが駄目でした。

카노죠토 나카나오리 시요-토 시타가 다메데시타

11 요코에게 프로포즈를 했는데 거절당했어.

洋子にプロポーズしたのにふられちゃった。

요-코니 푸로포-즈 시타노니 후라레챳타

12 그녀는 당신에게 전허 관심이 없어요.

彼女はあなたには全然関心がありませんよ。

카노죠와 아나타니와 젠젠 칸싱가 아리마센요

현지에서 찐으로 통하는 회화는 따로 있다

결혼에 관한 표현

가장 많이 쓰이는 회화

어떤 사람과 결혼하고 싶습니까?

どんな人と結婚したいですか。

눈이 크고 머리카락이 긴 여자를 좋아합니다.

目が大きくて髪の長い女性が好きです。

축하할 일이 생겼다면서요?

おめでただそうですね。

곧 아내가 아이를 낳습니다.

近く妻が子供を生みます。

01 어떤 남자를 좋아합니까?

どんな男性が好きですか。

돈나 단세- 가 스키데스까?

---

02 키가 크고 핸섬하고, 게다가 농담을 할 줄 아는 사람이 좋아요.

背が高くてハンサムで、それに冗談の出来る人がいい。

세가 타카쿠테 한사무데, 소레니 죠-단노 데키루 히토가 이-

---

03 피부가 까맣고 남성적인 사람을 좋아해요.

色が黒くて男性的な人が好きよ。

이로가 쿠로쿠테 단세-테키나 히토가 스키요

---

04 포용력이 있고 융통성이 있는 사람을 좋아해요.

包容力があって融通性のある人が好きよ。

호-요-료쿠가 앗테 유-즈- 세이노 아루 히토가 스키요

---

05 눈이 크고 머리카락이 긴 여자를 좋아합니다.

目が大きくて髪の長い女性が好きです。

메가 오-키쿠테 카미노 나가이 죠세-가 스키데스

---

06 얌전한 여자가 좋아요.

おとなしい女性がいいですね。

오토나시- 죠세이가 이-데스네

01 어떤 사람과 결혼하고 싶습니까?

どんな人と結婚したいですか。

돈나 히토토 켁콘 시타이 데스까?

---

02 낡은 사고방식일지도 모르지만, 가정적인 사람과 결혼하고 싶습니다.

古い考えかも知れませんが、家庭的な人と結婚したいです。

후루이 캉가에카모 시레마셍가, 카테-테키나 히토토 켁콘시타이데스

---

03 몇 살에 결혼하고 싶습니까?

何才で結婚したいですか。

난사이데 켁콘시타이 데스까?

---

04 적어도 25살까지는 결혼하지 않겠습니다.

少なくとも25才までは結婚しません。

스쿠나쿠토모 니쥬-고사이 마데와 켁콘시마센

---

05 난 지금 아내와 별거중이야.

私は今妻と別居中や。

와타시와 이마 츠마토 벡쿄츄-야

---

06 이혼하자.

離婚しよう。

리콘 시요-

01 축하할 일이 생겼다면서요?

おめでただそうですね。

오메데타다 소-데스네?

02 그녀는 임신 3개월입니다.

彼女は妊娠3ヶ月です。

카노죠와 닌신 상카게츠데스

03 곧 아내가 아이를 낳습니다.

近く妻が子供を生みます。

치카쿠 츠마가 코도모오 우미마스

04 예정일은 언제입니까?

予定日はいつですか。

요테-비와 이츠데스까?

05 그녀는 화요일에 여자아이를 낳았습니다.

彼女は火曜日に女の子を生みました。

카노죠와 카요-비니 온나노코오 우미마시타

06 오늘밤 아내와 둘이서 아기 탄생을 축하합니다.

今晩妻と二人で赤ちゃんの誕生祝いをします。

콤반 츠마토 후타리데 아카챤노 탄죠-이와이오 시마스

현지에서 찐으로 통하는 회화는 따로 있다

학교에 관한 표현

가장 많이 쓰이는 회화

몇 학년입니까?

なん ねん せい
何年生ですか。

3학년입니다.

さんねんせい
3年生です。

무엇을 전공하셨습니까?

なに　　　せん こう
何を専攻なさいましたか。

기계공학이 전공입니다.

き かい こう がく　　　せん こう
機械工学が専攻です。

01 **학생입니까?**

がく せい
学生さんですか。

가쿠세- 산데스까?

---

02 **몇 학년입니까?**

なん ねん せい
何年生ですか。

난넨 세-데스까?

---

03 **3학년입니다.**

さんねんせい
3年生です。

산넨 세-데스

---

04 **내년에 졸업합니다.**

らい ねん　　　そつぎょう
来年に卒業します。

라이넹니 소츠교-시마스

---

05 **학교는 집에서 가깝습니까?**

がっ こう　　いえ　　　ちか
学校は家から近いですか。

각코-와 이에카라 치카이 데스까?

---

06 **학교까지는 무엇으로 통학합니까?**

がっ こう　　　　なに　　つう がく
学校までは何で通学していますか。

각코-마데와 나니데 츠-가쿠 시테 이마스까?

169

07 전철로 1시간 정도 걸립니다.

でんしゃ いちじ かん
電車で1時間ぐらいかかります。

덴샤데 이치지캉 구라이 카카리마스

---

08 어느 학교에 다니고 있습니까?

がっこう かよ
どの学校に通っていますか。

도노 각코-니 카욧테 이마스까?

---

09 도쿄 대학 출신입니다.

とうきょうだいがく しゅっしん
東京大学の出身です。

토-쿄- 다이가쿠노 슛신데스

---

10 저는 대학원에 다니고 있습니다.

わたし だいがくいん かよ
私は大学院に通っています。

와타시와 다이가쿠잉니 카욧테 이마스

---

11 지금 다니고 있는 학교는 어때요?

いま かよ がっこう
今、通っている学校はどうですか。

이마, 카욧테이루 각코-와 도-데스까?

---

12 캠퍼스는 넓고 조용합니다.

ひろ しず
キャンパスは広くて静かです。

캄파스와 히로쿠테 시즈카데스

01 무엇을 전공하셨습니까?

何を専攻なさいましたか。

나니오 셍코- 나사이마시타까?

02 경제를 전공하고 있습니다.

経済を専攻しています。

케-자이오 셍코-시테 이마스

03 법률을 전공했습니다.

法律を専攻しました。

호-리츠오 셍코- 시마시타

04 기계공학이 전공입니다.

機械工学が専攻です。

키카이 코-가쿠가 셍코-데스

05 대학원에서 문학을 전공하고 석사 학위를 땄습니다.

大学院で文学を専攻して修士学位を取りました。

다이가쿠잉데 붕가쿠오 셍코-시테 슈-시 가쿠이오 토리마시타

06 학부와 대학원에서 일본 문학을 전공했습니다.

学部と大学院で日本の文学を専攻しました。

가쿠부토 다이가쿠잉데 니혼노 붕가쿠오 셍코- 시마시타

171

01 언제부터 중간고사가 시작됩니까?

いつから中間テストが始まりますか。

이츠카라 츄-캉 테스토가 하지마리마스까?

02 내일부터 기말시험입니다.

明日から期末試験です。

아시타카라 키마츠시켄데스

03 시험공부는 했습니까?

試験勉強はしましたか。

시켐벵쿄-와 시마시타까?

04 밤새서 공부해야 합니다.

徹夜で勉強しなければなりません。

테츠야데 벵쿄-시나케레바 나리마센

05 이번 시험은 어땠어요?

今度の試験はどうだった。

콘도노 시켕와 도-닷타?

06 상당히 어려웠어요.

なかなか難しかったよ。

나카나카 무즈카시 캇타요

172

07 예상 외로 쉬웠습니다.

予想以外に易しかったです。

요소- 이가이니 야사시캇타데스

08 시험 결과는 어땠어요?

試験の結果はどうだった。

시켄노 켁카와 도-닷타?

09 합격했습니다.

合格しました。

고-카쿠 시마시타

10 불합격했어요.

不合格でしたよ。

후고- 카쿠 데시타요

11 열심히 공부해서 장학금을 받았습니다.

一生懸命勉強して奨学金をもらいました。

잇쇼- 켐메이 벵쿄-시테 쇼-가쿠킹오 모라이마시타

12 그는 우수한 학생이었습니다.

彼は優秀な学生でした。

카레와 유-슈-나 가쿠세- 데시타

01 무슨 동아리에 들었어요?

何のクラブに入りましたか。

난노 쿠라부니 하이리마시타까?

---

02 영어 동아리입니다.

英語のクラブです。

에이고노 쿠라부데스

---

03 학창시절에 무슨 동아리에서 활동했습니까?

学生時代にどんなクラブで活動しましたか。

가쿠세- 지다이니 돈나 쿠라부데 카츠도- 시마시타까?

---

04 유도부에 소속되어 있습니다.

柔道部に所属しています。

쥬-도-부니 쇼조쿠 시테이마스

---

05 테니스부에서 4년간 열심히 했습니다.

テニス部で4年間頑張りました。

테니스부데 요넨캉 감바리마시타

---

06 아르바이트는 하고 있니?

アルバイトはしている。

아루바이토와 시테이루?

174

07 예, 가정교사를 하고 있습니다. 일주일에 3번 가르치고 있습니다.

はい、家庭教師をしています。週に3回教えています。

하이, 카테-쿄-시오 시테이마스. 슈-니 상카이 오시에테 이마스

08 파트타임으로 일하고 있습니까?

パートタイムで働いていますか。

파-토 타이무데 하타라이테 이마스까?

09 1주일에 한 번, 책방에서 아르바이트를 하고 있습니다.

週に1回、本屋でアルバイトをしています。

슈-니 잇카이, 홍야데 아루바이토오 시테이마스

10 학비를 벌기 위해 중학생에게 영어를 가르쳤습니다.

学費を稼ぐために中学生に英語を教えました。

가쿠히오 카세구 타메니 츄-가쿠세-니 에이고오 오시에마시타

11 여름방학에는 백화점에서 짐 배달을 했습니다.

夏休みにはデパートで荷物の配達をやりました。

나츠야스미니와 데파-토데 니모츠노 하이타츠오 야리마시타

12 전공을 살리는 아르바이트를 하고 싶습니다.

専攻を生かしたアルバイトがしたいです。

셍코-오 이카시타 아루바이토가 시타이데스

현지에서 찐으로 통하는 회화는 따로 있다

직장에 관한 표현

가장 많이 쓰이는 회화

당신은 회사원입니까?

あなたは会社員ですか。
かい しゃ いん

저는 조그만 가게를 하고 있습니다.

私は小さな店を経営しています。
わたし　ちい　みせ　けいえい

집에 돌아갈 시간이야.

家に帰る時間だ。
いえ　かえ　じ　かん

수고했어요.

お疲れさま。
つか

176

01 당신은 회사원입니까?

あなたは会社員ですか。

아나타와 카이샤인 데스까?

---

02 아니오, 공무원입니다.

いいえ、公務員です。

이-에, 코-무인데스

---

03 저는 조그만 가게를 하고 있습니다.

私は小さな店を経営しています。

와타시와 치-사나 미세오 케이에-시테 이마스

---

04 저는 이 회사에 근무합니다.

私はこの会社に勤めています。

와타시와 코노 카이샤니 츠토메테 이마스

---

05 어느 부서입니까?

どこの部署ですか。

도코노 부쇼데스까?

---

06 영업부입니다.

営業部です。

에이교-부데스

01 자네, 또 지각이군.

君、また遅刻だね。

키미, 마타 치코쿠다네

---

02 출근카드 찍었니?

タイムカード押した。

타이무 카-도 오시타?

---

03 스케줄을 확인해 보겠습니다.

スケジュールを確認してみます。

스케쥬-루오 카쿠닌 시테미마스

---

04 할 일이 많아.

する事が沢山あるんだ。

스루 코토가 탁상 아룬다

---

05 일을 게을리 하지 마!

仕事をさぼるな!

시고토오 사보루나!

---

06 이걸 호치키스로 집어주세요.

これをホチキスでとめてください。

코레오 호치키스데 토메테 쿠다사이

07 이 서류를 복사해 주겠나?

この書類をコビ−してくれる。

코노 쇼루이오 코비-시테 쿠레루?

---

08 잠깐 쉬자.

ひと休みしよう。

히토야스미 시요-

---

09 곧 점심시간이다.

もうすぐ昼休みだ。

모- 스구 히루야스미다

---

10 자, 일을 시작하자.

さあ、仕事を始めよう。

사-, 시고토오 하지메요-

---

11 회의가 길어질 것 같아.

会議は長引きそうだ。

카이기와 나가비키 소-다

---

12 서류를 나에게 제출해 주게.

書類を私に提出してくれ。

쇼루이오 와타시니 테-슈츠시테쿠레

01 그와는 마음이 맞니?

彼とは気が合う。

카레토와 키가 아우?

02 그 사람 본심을 알 수 없어.

あの人の本心が分からない。

아노 히토노 혼싱가 와카라나이

03 넌 상사를 좋아하니?

あなたは上司が好きなの。

아나타와 죠-시가 스키나노?

04 나는 모두와 잘 지내고 싶어.

私は皆とうまくやっていきたい。

와타시와 민나토 우마쿠 얏테 이키타이

05 그는 나에게 불친절해.

彼は私に不親切だ。

카레와 와타시니 후신세츠다

06 나는 그에게 무척 감사하고 있어.

私は彼にとても感謝している。

와타시와 카레니 토테모 칸샤-시테 이루

01 집에 돌아갈 시간이야.

家に帰る時間だ。

이에니 카에루 지캉다

02 오늘은 바빴어.

今日は忙しかった。

쿄-와 이소가시캇타

03 이제 끝내자.

もう終りにしよう。

모- 오와리니 시요-

04 이제 지쳤어. 오늘은 여기까지 하자.

もう疲れたよ。今日はここまでにしよう。

모- 츠카레타요. 쿄-와 코코마데니 시요-

05 수고했어요.

お疲れさま。

오츠카레사마

06 그럼, 먼저 실례하겠습니다.

では、お先に失礼します。

데와, 오사키니 시츠레- 시마스

01 실례합니다. 마이크씨입니까?

失礼します。マイクさんですか。

시츠레-시마스. 마이쿠상데스까?

---

02 안녕하세요? 저는 박입니다.

こんにちは、私は朴です。

콘니치와, 와타시와 바쿠데스

---

03 한국에 오신 것을 환영합니다. 마이크씨.

韓国へようこそ。マイクさん。

캉코쿠에 요-코소. 마이쿠상

---

04 여기가 저희 회사 본사입니다.

ここがわが社の本社です。

코코가 와가샤노 혼샤데스

---

05 제가 안내해 드리겠습니다.

私が案内致します。

와타시가 안나이 이타시마스

---

06 회의실은 7층입니다.

会議室は七階です。

카이기시츠와 나나카이데스

07 마이크씨, 저희 상사인 김부장님이십니다.

マイクさん、私の上司の金部長です。

마이쿠상, 와타시노 죠-시노 키무부쵸-데스

---

08 당사는 50여년 전에 창립되었습니다.

当社は50年ぐらい前に創立されました。

토-샤와 고쥬-넹구라이 마에니 소-리츠 사레마시타

---

09 당사는 자동차를 수입판매하고 있습니다.

当社は自動車の輸入販売をしております。

토-샤와 지도-샤노 유뉴- 함바이오 시테오리마스

---

10 주거래는 유럽입니다.

主な取引はヨーロッパです。

오모나 토리히키와 요-롭파데스

---

11 공항까지 모셔다 드리겠습니다.

空港までお見送り致します。

쿠-코-마데 오미오쿠리 이타시마스

---

12 조심해서 돌아가세요.

気をつけて、お帰り下さい。

키오 츠케테, 오카에리 쿠다사이

현지에서 찐으로 통하는 회화는 따로 있다

취미&여가에 관한 표현

가장 많이 쓰이는 회화

어떤 취미를 가지고 계십니까?

どんな趣味をお持ちですか。

제 취미는 기타를 치는 것입니다.

私の趣味はギターをひく事です。

TV를 자주 봅니까?

テレビはよく見ますか。

매일 밤 일본 TV 뉴스를 봅니다.

毎晩日本テレビのニュースを見ます。

01 어떤 취미를 가지고 계십니까?

どんな趣味をお持ちですか。

돈나 슈미오 오모치데스까?

02 한가할 때는 어떻게 보내십니까?

暇な時はどう過ごされていますか。

히마나 토키와 도- 스고사레테 이마스까?

03 시간이 있으면 아무 운동이나 합니다.

時間があれば何かスポーツをしています。

지캉가 아레바 나니카 스포-츠오 시테이마스

04 취미 중에 하나는 기념우표를 모으는 것입니다.

趣味の1つは記念切手を集める事です。

슈미노 히토츠와 키넹킷테오 아츠메루 코토데스

05 골동품 수집에 흥미가 있습니다.

骨董品集めに興味があります。

콧토- 힝아츠메니 쿄-미가 아리마스

06 그림을 그리는 것을 정말 좋아합니다.

絵を描くのが大好きです。

에오 카쿠노가 다이스키데스

07 미술관에 가끔 갑니다.

び じゅつかん　とき どき い
美術館に時々行きます。

비쥬츠캉니 토키도키 이키마스

---

08 제 취미는 기타를 치는 것입니다.

わたし　しゅ み　　　　　　　　　　こと
私の趣味はギターをひく事です。

와타시노 슈미와 기타-오 히쿠 코토데스

---

09 요즘은 컴퓨터로 바꿨습니다.

さい きん　　　　　　　　　　か
最近はパソコンに変えました。

사이킹와 파소콘니 카에마시타

---

10 조각을 감상하는 것이 제 취미 중에 하나입니다.

ちょうこく　かんしょう　　　　　　　　わたし　しゅ み　ひと
彫刻を鑑賞することが私の趣味の一つです。

쵸코쿠오 칸쇼스루 코토가 와타시노 슈미노 히토츠데스

---

11 어렸을 때부터 등산을 좋아했습니다.

こ ども　ころ　　　　と ざん　す
子供の頃から登山が好きでした。

코도모노 코로카라 토장가 스키데시타

---

12 특별히 취미라고 할 수 있는 것은 없습니다.

とく　しゅ み　い
特に趣味と言えるのはありません。

토쿠니 슈미토 이에루노와 아리마센

01 어떤 스포츠를 하십니까?

どんなスポーツをなさいますか。

돈나 스포-츠오 나사이마스까?

02 스포츠라면 무엇이든 합니다.

スポーツなら何^{なん}でもします。

스포-츠나라 난데모시마스

03 골프와 야구를 합니다.

ゴルフと野球^{やきゅう}をします。

고루후토 야큐-오 시마스

04 유도, 가라데, 궁도를 합니다.

柔道^{じゅうどう}、空手^{からて}、弓道^{きゅうどう}をやります。

쥬-도-, 카라테, 큐-도-오 야리마스

05 최근에 스쿼시를 시작했습니다.

最近^{さいきん}スカッシュを始^{はじ}めました。

사이킹 스캇슈오 하지메마시타

06 이전에는 배구와 농구를 했습니다.

以前^{いぜん}はバレーボールとバスケットボールをしていました。

이젱와 바레-보-루토 바수켓토보-루오 시테 이마시타

07 여름에는 수영하러, 겨울에는 스키나 스케이트를 타러 갑니다.

夏は水泳に、冬はスキーやスケートに行きます。

나츠와 스이에-니, 후유와 스키-야 스케-토니 이키마스

---

08 사이클링과 승마를 좋아합니다.

サイクリングと乗馬が好きです。

사이쿠링구토 죠-바가 스키데스

---

09 이전에는 육상경기를 잘했습니다.

前は陸上競技が得意でした。

마에와 리쿠죠-쿄-기가 토쿠이데시타

---

10 팀으로 하는 스포츠는 별로 하지 않습니다.

チームでやるスポーツはあまりしません。

치-무데 야루 스포-츠와 아마리시마센

---

11 야구장에 가서 응원한 적도 있습니다.

野球場に行って応援したこともあります。

야큐죠-니 잇테 오-엔시타 코토모 아리마스

---

12 골프나 볼링 같은 개인으로 하는 스포츠를 좋아합니다.

ゴルフやボーリングのような個人でするスポーツが好きです。

고루후야 보-링구노 요-나 코진데 스루 스포-츠가 스키데스

01 밤에는 항상 텔레비전으로 야간경기를 보고 있습니다.

夜はいつもテレビでナイトゲームを見ています。

요루와 이츠모 테레비데 나이토게-무오 미테이마스

02 복싱 시합을 보는 것은 좋아합니까?

ボクシングの試合を観るのは好きですか。

보쿠싱구노 시아이오 미루노와 스키데스까?

03 유도 시합을 보신 적이 있습니까?

柔道の試合を見た事がありますか。

쥬-도-노 시아이오 미타 코토가 아리마스까?

04 어디와 어디 시합입니까?

どことどこの試合ですか。

도코토 도코노 시아이데스까?

05 자이언츠는 누가 등판할까?

ジャイアンツは誰が登板するかな。

쟈이안츠와 다레가 토-반 스루카나?

06 1번 타자는 3진이군요.

トップバッタ一は三振ですね。

톱푸 밧타-와 산신데스네

189

01 TV를 자주 봅니까?

テレビはよく見ますか。

테레비와 요쿠 미마스까?

---

02 TV에서 지금 무엇을 하고 있습니까?

テレビで今何をやってますか。

테레비데 이마 나니오 얏테마스까?

---

03 TV를 켜 주실래요?

テレビをつけてくれますか。

테레비오 츠케테 쿠레마스까?

---

04 볼륨을 줄여 주세요.

ボリュームを下げてください。

보류-무오 사게테 쿠다사이

---

05 매일 밤 일본 TV 뉴스를 봅니다.

毎晩日本テレビのニュースを見ます。

마이반 니혼테레비노 뉴-스오 미마스

---

06 버라이어티 쇼는 잘 보지 않습니다.

バラエティショーはあまり見ません。

바라에티 쇼-와 아마리 미마센

190

01 지금 어떤 영화를 상영하고 있나요?

今どんな映画を上映していますか。

이마 돈나 에이가오 죠-에이 시테이마스까?

02 어떤 영화를 좋아하십니까?

どんな映画がお好きですか。

돈나 에이가가 오스키데스까?

03 영화는 자주 보러 갑니까?

映画はよく見に行きますか。

에이가와 요쿠 미니 이키마스까?

04 좋아하는 남자 배우, 여자 배우는 누구입니까?

好きな男優、女優は誰ですか。

스키나 당유-, 죠유-와 다레데스까?

05 한때 영화 스타 사진을 모았었습니다.

一頃映画スターの写真を集めました。

히토코로 에이가 스타-노 샤싱오 아츠메 마시타

06 마지막으로 본 영화는 무엇입니까?

最後に見た映画は何ですか。

사이고니 미타 에이가와 난데스까?

01 책을 많이 읽습니까?

本を沢山読みますか。

홍오 타쿠상 요미마스까?

---

02 바빠서 차분히 독서할 시간이 없습니다.

忙しくて、ゆっくり読書する時間がありません。

이소가시쿠테, 육쿠리 도쿠쇼스루 지캉가 아리마센

---

03 어떤 책을 늘 읽습니까?

どんな本をいつも読みますか。

돈나 홍오 이츠모 요미마스까?

---

04 대중문학을 좋아합니다.

大衆文学が好きです。

타이슈- 붕가쿠가 스키데스

---

05 논픽션이라든가 만화잡지도 읽습니다.

ノンフィクションとか、漫画、週刊誌も読みます。

농휘쿠숀 토카, 망가, 슈-칸시모 요미마스

---

06 일본 작가의 소설을 읽은 적이 있습니까?

日本作家の小説を読んだ事がありますか。

니혼 삭카노 쇼-세츠오 욘다 코토가 아리마스까?

07 어떤 책을 고르십니까?

どんな本を選びますか。

돈나 홍오 에라비마스까?

---

08 문고본 중에서 좋은 것을 찾습니다.

文庫本の中から良いのを探します。

붕코본노 나카카라 이-노오 사가시마스

---

09 상당한 문학통입니다.

なかなかの文学通です。

나카나카노 붕가쿠츠-데스

---

10 좋아하는 작가는 누구입니까?

好きな作家は誰ですか。

스키나 삭카와 다레데스까?

---

11 현재의 베스트셀러는 무엇입니까?

現在のベストセラーは何ですか。

겐자이노 베스토세라-와 난데스까?

---

12 어렸을 때부터 추리소설을 좋아했습니다.

幼い時から推理小説が好きでした。

오사나이 토키카라 스이리쇼- 세츠가 스키데시타

01 음악을 좋아하십니까?

音楽がお好きですか。

옹가쿠가 오스키데스까?

---

02 취미는 음악 감상입니다.

趣味は音楽鑑賞です。

슈미와 옹가쿠 칸쇼-데스

---

03 어떤 음악을 좋아합니까?

どんな音楽が好きですか。

돈나 옹가쿠가 스키데스까?

---

04 실내악보다 관현악을 좋아합니다.

室内楽より管弦楽が好きです。

시츠나이가쿠 요리 캉겡가쿠가 스키데스

---

05 비틀즈 노래을 정말 좋아합니다.

ビートルズの歌が大好きです。

비-토루즈노 우타가 다이스키데스

---

06 현대음악은 도무지 모르겠습니다.

現代音楽は全然分かりません。

겐다이 옹가쿠와 젠젠 와카리마센

07 기타 음악이라면 무엇이든 좋아합니다.

ギター音楽なら何でも好きです。

기타- 옹가쿠나라 난데모 스키데스

08 클래식을 좋아하고, 특히 모차르트를 무척 좋아합니다.

クラシックが好きで、特にモーツァルトが大好きです。

쿠라식쿠가 스키데, 토쿠니 모-츠아루토가 다이스키데스

09 재즈 CD를 상당히 모았습니다.

ジャズのCDをずいぶん集めました。

쟈즈노 시-디-오 즈이붕 아츠메마시타

10 무슨 음악을 틀까요?

何か音楽をかけましょうか。

나니카 옹가쿠오 카케마쇼-까?

11 당신은 어떤 악기를 연주 할 수 있습니까?

あなたは何か楽器ができますか。

아나타와 나니카 각키가 데키마스까?

12 한국에서 많이 부르는 민요를 하나 불러 주겠어요?

韓国でよく歌われる民謡を1つ歌ってくれますか。

캉코쿠데 요쿠 우타와레루 밍요-오 히토츠 우탓테 쿠레마스까?

현지에서 찐으로 통하는 회화는 따로 있다

초대&방문에 관한 표현

가장 많이 쓰이는 회화

우리 집에 오시지 않으시겠어요?

私の家に来ませんか。

꼭 가겠습니다.

必ず行きます。

기무라 씨 댁이 맞습니까?

木村さんのお宅はこちらですか。

잘 오셨습니다.

ようこそいらっしゃいました。

01 말씀드리러 찾아뵈어도 될까요?

お話ししに伺ってもいいですか。

오하나시시니 우카갓테모 이-데스까?

02 몇 가지 의논하고 싶은 것이 있는데, 언제 만날 수 있습니까?

いくつか相談したい事があるんですが、いつ会えますか。

이쿠츠카 소-단시타이 코토가 아룬데스가, 이츠아에마스까?

03 기무라 선생님과 만날 시간을 정해 두고 싶은데요.

木村先生とお会いする時間を決めておきたいのですが。

키무라 센세-토 오아이스루 지캉오 키메테 오키타이노데스가

04 금요일 밤은 시간이 됩니까?

金曜の夜は時間がいいですか。

킹요-노 요루와 지캉가 이-데스까?

05 토요일 오후에 어떻게 시간을 낼 수 없습니까?

土曜の午後に、なんとか都合をつけられませんか。

도요-노 고고니, 난토카 츠고-오 츠케라레마셍까?

06 이번 일요일에 무슨 약속이 있습니까?

今度の日曜日、何か約束がありますか。

콘도노 니치요-비,나니카 야쿠소쿠가 아리마스까?

01 좋아요. 그럼 그 때 만납시다.

いいですよ。じゃ、その時会いましょう。

이-데스요. 쟈, 소노 토키 아이마쇼-

---

02 저도 그때가 좋겠습니다.

私もその時がいいです。

와타시모 소노 토키가 이-데스

---

03 언제든지 좋으실 때 하십시오.

いつでも好きな時にどうぞ。

이츠데모 스키나 토키니 도-조

---

04 그게 좋겠습니다.

それがいいです。

소레가 이-데스

---

05 점심 때라면 좋겠군요. 식당에서 만납시다.

昼食の時ならいいですね。食堂で会いましょう。

츄쇼쿠노 토키나라 이-데스네. 쇼쿠도-데 아이마쇼-

---

06 그럼 그 시간에 기다리겠습니다.

では、その時間にお待ちします。

데와, 소노 지칸니 오마치시마스

01 어디서 만날까요?

どこで会いましょうか。

도코데 아이마쇼-까?

02 일이 끝난 후 5시에 사무실 앞에서 만날까요?

仕事が終わったら5時に事務所の前で会いましょうか。

시고토가 오왓타라 고지니 지무쇼노 마에데 아이마쇼-까?

03 교차로 모퉁이에서 만납시다.

交差点の角で会いましょう。

코-사텐노 카도데 아이마쇼-

04 시부야 「하치코」 광장에서 기다리겠습니다.

渋谷の「ハチ公」広場でお待ちします。

시부야노 「하치코-」 히로바데 오마치시마스

05 신주쿠 역에서 3시 무렵에 만나기로 합시다.

新宿駅で3時ごろ会うことにしましょう。

신쥬쿠 에키데 산지고로 아우코토니 시마쇼-

06 역 앞에 은행 안에서 기다리세요.

駅前の銀行の中で待っていてください。

에키마에노 깅코-노 나카데 맛테이테 쿠다사이

01 유감스럽지만, 오늘 오후는 안 되겠습니다.

残念ながら今日の午後はだめなんです。

잔넨나가라 쿄-노 고고와 다메난데스

---

02 아쉽게도 약속이 있습니다.

あいにく約束があります。

아이니쿠 야쿠소쿠가 아리마스

---

03 정말로 죄송하지만, 이번 주에는 시간이 없습니다.

本当に申し訳ありませんが、今週は時間がありません。

혼토-니 모-시와케 아리마센가, 콘슈-와 지캉가 아리마센

---

04 2시부터 3시까지 밖에 비어있지 않습니다.

2時から3時までしか空いていません。

니지카라 산지마데시카 아이테이마센

---

05 낮에는 손님이 옵니다. 저녁은 어떨까요?

昼はお客さんが来ます。夕方はどうですか。

히루와 오캬쿠상가 키마스. 유-가타와 도-데스까?

---

06 다른 날로 해 주실 수 없을까요?

別の日にしていただけないでしょうか。

베츠노히니 시테 이타다케나이데쇼-까?

01 우리 집에 오시지 않으시겠어요?

私の家に来ませんか。

와타시노 이에니 키마셍까?

---

02 우리 집에 식사하러 오지 않겠어요?

私の家に食事に来ませんか。

와타시노 이에니 쇼쿠지니 키마셍까?

---

03 언제 놀러 오세요.

いつか遊びに来てください。

이츠카 아소비니 키테 쿠다사이

---

04 집에 와서 이야기라도 하지 않겠어요?

家へ来ておしゃべりでもしませんか。

이에에키테 오샤베리데모 시마셍까?

---

05 기분이 내킬 때는 언제든지 들르십시오.

気の向いた時はいつでもお寄りください。

키노 무이타 토키와 이츠데모 오요리 쿠다사이

---

06 오늘밤, 집에서 파티를 하는데, 오지 않을래?

今晩、家でパーティーをするんだけど、来ない。

콤방, 이에데 파-티-오 스룬다케도, 코나이?

01 기꺼이 가겠습니다.

喜んで行きます。

요로콘데 이키마스

---

02 꼭 가겠습니다.

必ず行きます。

카나라즈 이키마스

---

03 좋지요.

いいですね。

이-데스네-

---

04 나 말고 누가 오니?

私の他に誰が来るの。

와타시노 호카니 다레가 쿠루노?

---

05 초대해 줘서 고마워.

招待してくれてありがとう。

쇼-타이시테 쿠레테 아리가토-

---

06 기대하고 있을게요.

楽しみにしていますね。

타노시미니 시테이마스네

01 유감스럽지만 갈 수 없습니다.

残念ながら行けません。

잔넨나가라 이케마센

02 그날은 갈 수 없을 것 같은데요.

その日は行けないようですが。

소노히와 이케나이 요-데스가

03 공교롭게도 그때는 바쁩니다.

あいにくその時は忙しいです。

아이니쿠 소노 토키와 이소가시-데스

04 죄송합니다만, 그날은 안 됩니다.

すみませんが、その日はだめです。

스미마센가, 소노 히와 다메데스

05 가고 싶은 마음은 태산 같은데….

行きたいのは山々ですが…。

이키타이노와 야마야마 데스가…

06 그날은 선약이 있어서요.

その日は先約がありますので。

소노히와 셍야쿠가 아리마스노데

01 누구십니까?

どちら様でしょうか。

도치라사마 데쇼-까?

---

02 기무라 씨 댁이 맞습니까?

木村さんのお宅はこちらですか。

키무라상노 오타쿠와 코치라데스까?

---

03 기무라 씨와 3시에 약속을 했는데요.

木村さんと3時に約束をしましたが。

키무라상토 산지니 야쿠소쿠오 시마시타가

---

04 제가 왔다고 전해 주십시오.

私が来たとお伝えください。

와타시가 키타토 오츠타에 쿠다사이

---

05 잠깐 기다려 주십시오.

ちょっとお待ちください。

춋토 오마치 쿠다사이

---

06 지금 손님이 와 계십니다. 잠시 기다려 주시겠습니까?

ただいま来客中です。少々お待ちいただけますか。

타다이마 라이캬쿠츄-데스. 쇼-쇼- 오마치 이타다케마스까?

07 잘 오셨습니다.

ようこそいらっしゃいました。

요-코소 이랏샤이마시타

---

08 어머, 기무라 씨! 오랜만이에요.

まあ、木村さん! しばらくですね。

마-, 키무라상! 시바라쿠데스네

---

09 자 들어오십시오.

どうぞお入りください。

도-조 오하이리 쿠다사이

---

10 길은 금방 알았습니까?

道はすぐ分かりましたか。

미치와 스구 와카리마시타까?

---

11 거실로 가시지요.

居間の方へどうぞ。

이마노 호-에 도-조

---

12 (선물을 내밀며) 이걸 받으십시오.

これをどうぞ。

코레오 도-조

13 집안을 안내해드릴까요?

家の中を案内しましょうか。

이에노 나카오 안나이 시마쇼-까?

---

14 밝고 멋진 집이군요.

明るくてすてきなお宅ですね。

아카루쿠테 스테키나 오타쿠데스네

---

15 이쪽으로 앉으십시오.

こちらへおかけください。

코치라에 오카케 쿠다사이

---

16 커피를 드시겠습니까?

コーヒーはいかがですか。

코-히-와 이카가데스까?

---

17 추우니까 어서 안쪽으로 들어가세요.

寒いですから、中の方へ入って下さい。

사무이데스까라 나카노 호-에 하잇테 쿠다사이

---

18 실례합니다만, 화장실은 어디에요?

失礼ですが、トイレはどこ。

시츠레-데스가, 토이레와 도코?

01 이만 가야 할 시간인 것 같군요.

もう失礼する時間のようですね。

모- 시츠레- 스루 지칸노 요-데스네

02 벌써 가시겠습니까?

もうお帰りですか。

모- 오카에리데스까?

03 저녁이라도 드시고 가지 않겠습니까?

夕食を召し上がって行きませんか。

유-쇼쿠오 메시아갓테 이키마셍까?

04 더 있고 싶습니다만, 볼일이 있어서요.

もっといたいのですが、用事がありますので。

못토 이타이노데스가, 요-지가 아리마스노데

05 오늘은 만나서 즐거웠습니다.

今日は会えて嬉しかったです。

쿄-와 아에테 우레시캇타데스

06 와 주셔서 저야말로 즐거웠습니다.

来ていただいて、こちらこそ楽かったです。

키테 이타다이테, 코치라코소 타노시캇타데스

현지에서 찐으로 통하는 회화는 따로 있다

의견표현

PART

06

현지에서 찐으로 통하는 회화는 따로 있다

의견에 관한 표현

가장 많이 쓰이는 회화

그 일에 대해서 의견이 있습니까?

そのことについての意見はありますか。

의견에 찬성입니다.

ご意見に賛成です。

제 의견을 말씀드리겠습니다.

私の意見を申し上げます。

그 점에서는 동의할 수 없습니다.

その点では同意できません。

01 그 일에 대해서 의견이 있습니까?

そのことについての意見はありますか。

소노 코토니 츠이테노 이켕와 아리마스까?

---

02 제 의견을 말씀드리겠습니다.

私の意見を申し上げます。

와타시노 이켕오 모- 시아게마스

---

03 제 의견은, 그 생각은 정말 어처구니없다고 생각합니다.

私の意見は、その考えは本当にとんでもないと思います。

와타시노 이켕와, 소노 캉가에와 혼토-니 톤데모 나이토 오모이마스

---

04 두, 세 가지 의견을 말씀드리겠습니다.

二、三意見を言わさせていただきます。

니, 상 이켕오 이와사세테 이타다키마스

---

05 정말 말씀하신 대로라고 생각합니다.

本当におっしゃるとおりだと思います。

혼토-니 옷샤루 토-리다토 오모이마스

---

06 그 건에 관해서는 그다지 의견이 없습니다.

その件に関してはあまり意見はありません。

소노 켄니 캉시테와 아마리 이켕와 아리마센

211

01 그렇군요.

そのとおりです。

소노 토-리 데스

02 예, 저도 그렇게 생각합니다.

ええ、私もそう思います。

에-, 와타시모 소- 오모이마스

03 정말 맞아요.

本当にそうです。

혼토-니 소-데스

04 정말이군요.

本当ですね。

혼토-데스네

05 물론이지.

勿論です。

모치론데스

06 그래그래, 바로 그거예요.

そうそう、まさにそれですよ。

소-소-, 마사니 소레데스요

07 동감입니다.

同感です。

도-칸 데스

---

08 의견에 찬성입니다.

ご意見に賛成です。

고이켄니 산세-데스

---

09 대찬성입니다.

大賛成です。

다이산세- 데스

---

10 제가 말하고 싶은 것이 바로 그것입니다.

私の言いたい事は正にそれです。

와타시노 이-타이 코토와 마사니 소레데스

---

11 저도 그렇게 생각하고 있었습니다.

私もそう考えていました。

와타시모 소- 캉가에테 이마시타

---

12 마침 그렇게 말하려고 생각하고 있던 참입니다.

ちょうどそう言おうと思っていたところです。

쵸-도 소- 이오-토 오못테이타 토코로데스

01 아무리 생각해도 당신이 틀린 것 같습니다.

いくら考えてもあなたが間違っているようです。

이쿠라 캉가에테모 아나타가 마치갓테 이루요-데스

---

02 아니오, 그렇게는 생각하지 않습니다.

いいえ、そのようには思いません。

이-에, 소노 요-니와 오모이마센

---

03 그 점에서는 동의할 수 없습니다.

その点では同意できません。

소노 텐데와 도-이데키마센

---

04 글쎄요, 찬성할 수는 없습니다.

そうですね、賛成出来ません。

소-데스네, 산세- 데키마센

---

05 그건 해서는 안됩니다.

それはしてはいけません。

소레와 시테와 이케마센

---

06 전혀 다릅니다.

全く違います。

맛타쿠 치가이마스

07 **이건 정말 아닙니다.**

これは本当に違います。

코레와 혼토-니 치가이마스

08 **아니, 당치도 않아요.**

いや、とんでもありません。

이야, 톤데모 아리마센

09 **그런 장난은 그만둬 주세요.**

そんないたずらはやめてください。

손나 이타즈라와 야메테 쿠다사이

10 **아무도 안 믿어.**

誰も信じないよ。

다레모 싱지나이요

11 **이상하군요.**

おかしいですね。

오카시- 데스네

12 **그런 거 할 수 없어요.**

そんなことできませんよ。

손나 코토 데키마셍요

가장 많이 쓰이는 회화

도쿄 생활은 마음에 듭니까?

とう きょう せい かつ　き　い
東京の生活は気に入ってますか。

물론이지.

もち ろん
勿論です。

어느 것으로 하겠어요?

どれにしますか。

이것으로 할게요.

これにします。

216

01 그건 몇 층에 있습니까?

それは何階にありますか。

소레와 낭가이니 아리마스까?

02 무슨 용건이시죠?

どんなご用件でしょうか。

돈나 고요- 켄데쇼-까?

03 그것은 도대체 무엇입니까?

それは一体何ですか。

소레와 잇타이 난데스카?

04 지금 무얼 하고 있습니까?

今、何をしてるんですか。

이마, 나니오 시테룬 데스까?

05 어떤 용무로 나가십니까?

どんなご用でお出掛けですか。

돈나 고요-데 오데카케 데스까?

06 누구를 추천할까요?

誰を推薦しましょうか。

다레오 스이센 시마쇼-까?

07 누구에게 물으면 될까요?

だれ き
誰に聞いたらいいですか。

다레니 키-타라 이-데스카?

---

08 그쪽은 누구십니까?

そちらはどなたですか。

소치라와 도나타데스까?

---

09 누구한테 그 이야기를 들었습니까?

だれ はなし き
誰からその話を聞きましたか。

다레카라 소노 하나시오 키키마시타까?

---

10 누구와 마시고 싶니?

だれ の
誰と飲みたい。

다레토 노미타이?

---

11 어느 것으로 하겠어요?

どれにしますか。

도레니 시마스까?

---

12 어느 것이 맞는 것입니까?

ただ
どれが正しいですか。

도레가 타다시-데스까?

218

13 이 병따개는 어떻게 사용하니?

この栓抜きはどう使うの。

코노 센누키와 도-츠카우노?

14 차는 어떤 걸로 하시겠습니까?

お茶はどれになさいますか。

오차와 도레니 나사이마스까?

15 도쿄 생활은 마음에 듭니까?

東京の生活は気に入ってますか。

토-쿄-노 세-카츠와 키니 잇테마스까?

16 서울에는 어느 정도 머무르십니까?

ソウルにはどのくらいのご滞在ですか。

소우루니와 도노 쿠라이노 고타이자이 데스까?

17 이 단어의 뜻을 압니까?

この単語の意味がわかりますか。

코노 탕고노 이미가 와카리마스까?

18 그것과 이것의 차이는 무엇입니까?

それとこれの違いは何ですか。

소레토 코레노 치가이와 난데스까?

01 네, 알겠습니다.

はい、分かりました。

하이, 와카리마시타

---

02 네, 간 적이 있습니다.

はい、行ったことがあります。

하이, 잇타 코토가 아리마스

---

03 네, 정말입니다.

はい、本当です。

하이, 혼토-데스

---

04 네, 그렇습니다.

はい、そうです。

하이, 소-데스

---

05 네, 저도 그렇게 생각하고 있습니다.

ええ、私もそう考えています。

에-, 와타시모 소- 캉가에테 이마스

---

06 응, 그렇게 할게.

うん、そうするよ。

응, 소-스루요

01 **아뇨, 아직입니다.**

いいえ、まだです。

이-에, 마다데스

02 **아뇨, 다릅니다.**

いいえ、違います。

이-에, 치가이마스

03 **아뇨, 이제 됐습니다.**

いいえ、もう結構です。

이-에, 모- 켁코- 데스

04 **아뇨, 그렇지 않습니다.**

いいえ、そうじゃありません。

이-에, 소-쟈 아리마센

05 **아뇨, 좋아합니다.**

いいえ、好きです。

이-에, 스키데스

06 **아뇨, 가고 싶습니다.**

いいえ、行きたいです。

이-에, 이키타이데스

UNIT 03

현지에서 찐으로 통하는 회화는 따로 있다

권유에 관한 표현

가장 많이 쓰이는 회화

들어 드릴까요?

お持(も)ちしましょうか。

내가 하겠습니다.

私(わたし)がします。

함께 안 할래?

一緒(いっしょ)にやらない。

마음이 내키지 않네요.

気乗(きの)りがしませんね。

222

01 도와 줄까요?

手伝いましょうか。

테츠다이 마쇼-까?

---

02 들어 드릴까요?

お持ちしましょうか。

오모치 시마쇼-까?

---

03 정하기 전에 다시 한 번 생각해 보세요.

決める前にもう一度考えてみなさい。

키메루마에니 모- 이치도 캉가에테 미나사이

---

04 이건 어떻습니까?

これはどうですか。

코레와 도-데스까?

---

05 좀 생각해 보렴.

ちょっと考えてごらん。

춋토 캉가에테 고란

---

06 함께 안 할래?

一緒にやらない。

잇쇼니 야라나이?

223

01 예, 합시다.

ええ、しましょう。

에-, 시마쇼-

02 부디 마음대로.

どうぞご自由に。

도-조 고지유-니

03 기꺼이 도울게.

喜んで手伝うよ。

요로콘데 테츠다우요

04 내가 하겠습니다.

私がします。

와타시가 시마스

05 네가 바라는 대로 할게.

君の望むとおりにするよ。

키미노 노조무 토-리니 스루요

06 나에게 맡겨 주세요.

私に任せてください。

와타시니 마카세테 쿠다사이

01 그렇게 할 수 있으면 좋겠지만….

そう出来ればいいんだけど…。

소- 데키레바 이잉다케도…

02 안 될 거야.

だめだと思うよ。

다메다토 오모우요

03 필요 없어.

要らない。

이라나이

04 이번에는 힘이 되어드릴 수 없습니다.

今回はお力になれません。

콩카이와 오치카라니 나레마센

05 다른 용무가 있어서.

他の用事があるので。

호카노 요-지가 아루노데

06 마음이 내키지 않네요.

気乗りがしませんね。

키노리가 시마센네

225

현지에서 찐으로 통하는 회화는 따로 있다

부탁&비밀약속에 관한 표현

가장 많이 쓰이는 회화

소리를 줄여 주세요.

音を小さくしてください。

알았어요!

分かった。

너에게 말해둘 게 있어.

君に言っておく事があるんだ。

무슨 문제라도?

何か問題でも。

01 부탁해도 돼?

お願いしてもいい。

오네가이 시테모 이-?

02 좀 거들어 주지 않겠니?

ちょっと手伝ってくれない。

춋토 테츠닷테 쿠레나이?

03 설탕을 집어 주시겠어요?

お砂糖を取っていただけますか。

오사토-오 톳테 이타다케 마스까?

04 그 가게까지 차로 보내 주지 않겠니?

その店まで車で送ってくれないか。

소노 미세마데 쿠루마데 오쿳테 쿠레나이까?

05 이 용지 기입방법을 모르겠는데요.

この用紙の記入方法がわからないのですが。

코노 요-시노 키뉴- 호-호-가 와카라나이노 데스가

06 펜을 빌려 주시지 않겠어요?

ペンを貸してくださいませんか。

펜오 카시테 쿠다사이 마셍까?

07 전화를 써도 될까요?

でん わ　　　つか
電話を使ってもいいですか。

뎅와오 츠캇테모 이-데스까?

---

08 이 프로젝트에 도움이 더욱 필요해.

　　　　　　　　　　　　　　　　　たす　　　　ひつ よう
このプロジェクトにもっと助けが必要だ。

코노 푸로제쿠토니 못토 타스케가 히츠요-다

---

09 소리를 줄여 주세요.

おと　　ちい
音を小さくしてください。

오토오 치-사쿠 시테 쿠다사이

---

10 의사를 불러 주세요.

い しゃ　　よ
医者を呼んでください。

이샤오 욘데 쿠다사이

---

11 잠깐 괜찮겠어요?

ちょっといいですか。

촛토 이-데스까?

---

12 좀 여쭙고 싶은데요.

　　　　　　　き
ちょっとお聞きしたいのですが。

촛토 오키키 시타이노 데스가

01 생각 좀 하겠습니다.

ちょっと考えてみます。

촛토 캉가에테 미마스

02 검토해 보겠습니다.

検討してみます。

켄토-시테 미마스

03 무슨 문제라도?

何か問題でも。

나니카 몬다이데모?

04 괜찮아.

大丈夫だよ。

다이죠-부다요

05 알았어요!

分かった。

와캇타!

06 먼저 하세요.

お先にどうぞ。

오사키니 도-조

01 너에게 말해둘 게 있어.

君に言っておく事があるんだ。

키미니 잇테 오쿠 코토가 아룬다

---

02 예. 그게 실은 접니다.

ええ。それが実は私なんです。

에-. 소레가 지츠와 와타시난데스

---

03 아무에게도 말하지 말아줘.

誰にも言わないでくれ。

다레니모 이와나이데쿠레

---

04 이거 비밀이야.

これ秘密だ。

코레 히미츠다

---

05 모든 것을 말할게.

全部話すよ。

젬부 하나스요

---

06 여기에서만 이야기 하는건데.

ここだけの話だけど。

코코다케노 하나시 다케도

01 **알았어. 약속할게.**

<ruby>分<rt>わ</rt></ruby>かった。<ruby>約束<rt>やくそく</rt></ruby>するよ。

와캇타. 야쿠소쿠 스루요

---

02 **나를 믿어 줘.**

<ruby>私<rt>わたし</rt></ruby>を<ruby>信<rt>しん</rt></ruby>じてくれ。

와타시오 신지테쿠레

---

03 **약속은 약속이야!**

<ruby>約束<rt>やくそく</rt></ruby>は<ruby>約束<rt>やくそく</rt></ruby>!

야쿠소쿠와 야쿠소쿠!

---

04 **말하지 않을게.**

<ruby>言<rt>い</rt></ruby>わないよ。

이와나이요

---

05 **아무 말도 하지 않았어.**

<ruby>何<rt>なに</rt></ruby>も<ruby>言<rt>い</rt></ruby>わなかったよ。

나니모 이와나캇타요

---

06 **그에게는 절대로 말하지 않을게.**

<ruby>彼<rt>かれ</rt></ruby>には<ruby>絶対<rt>ぜったい</rt></ruby>に<ruby>言<rt>い</rt></ruby>わないよ。

카레니와 젯타이니 이와나이요

가장 많이 쓰이는 회화

창문을 열어도 될까요?

窓を開けてもいいですか。

예, 하세요.

ええ、どうぞ。

여기서 사진을 찍어도 됩니까?

ここで写真を撮ってもいいですか。

지장이 없으면….

差し支えなければ…。

01 **이거 써도 됩니까?**

これ使ってもいいですか。

코레츠캇테모 이-데스까?

02 **창문을 열어도 될까요?**

窓を開けてもいいですか。

마도오 아케테모 이-데스까?

03 **여기서 담배를 피워도 될까요?**

ここでタバコを吸ってもいいですか。

코코데 타바코오 슷테모 이-데스까?

04 **들어가도 됩니까?**

入ってもいいですか。

하잇테모 이-데스까?

05 **여기에 앉아도 됩니까?**

ここに座ってもいいですか。

코코니 수왓테모 이-데스까?

06 **여기서 공놀이를 해도 됩니까?**

ここでボール遊びをしてもいいですか。

코코데 보-루 아소비오 시테모 이-데스까?

233

07 여기서 사진을 찍어도 됩니까?

ここで写真を撮ってもいいですか。

코코데 샤싱오 톳테모 이-데스까?

---

08 어디라도 괜찮습니까?

どこでも大丈夫ですか。

도코데모 다이죠-부 데스까?

---

09 전화를 빌려도 됩니까?

電話を借りてもいいですか。

뎅와오 카리테모 이-데스까?

---

10 화장실을 써도 됩니까?

トイレを借りてもいいですか。

토이레오 카리테모 이-데스까?

---

11 거기에 주차해도 됩니까?

そこに駐車してもいいですか。

소코니 츄-샤시테모 이-데스까?

---

12 좀 봐도 되니?

ちょっと見てもいい。

춋토 미테모 이-?

01 좋아.

いいよ。

이-요

---

02 지장이 없으면….

差し支えなければ…。

사시츠카에 나케레바…

---

03 예, 하세요.

ええ、どうぞ。

에-, 도-조

---

04 유감스럽지만 안 됩니다.

残念ながらだめです。

잔넨나가라 다메데스

---

05 지금은 안 돼. 나중에.

今はだめだ。後で。

이마와 다메다. 아토데

---

06 여기서는 먹을 수 없습니다.

ここでは食べられません。

코코데와 타베라레마센

235

가장 많이 쓰이는 회화

어떻게 하면 되니?

どうすればいいの。

이렇게 하면 잘 돼.

こうすればうまくいくよ。

한 번 그를 야단쳐야겠어.

一度彼を叱らなければならない。

달리 생각할 수는 없니?

他に考えようはないの。

01 어떻게 하면 되니?

どうすればいいの。

도- 스레바 이-노?

02 그저 차에 엔진을 거는 거야.

ただ車にエンジンをかけるんだ。

타다 쿠루마니 엔징오 카케룬다

03 그건 이렇게 하는 거야.

それはこうするんだ。

소레와 코-스룬다

04 이렇게 하면 잘 돼.

こうすればうまくいくよ。

코- 스레바 우마쿠 이쿠요

05 이쪽이 겉모양이 좋아.

この方が見掛けがいい。

코노 호-가 미카케가 이-

06 이쪽이 간단해.

この方が簡単だ。

코노 호-가 칸탄다

07 내가 하는 법을 보여 줄게.

私がやり方を見せてあげるよ。

와타시가 야리카타오 미세테 아게루요

08 저만의 방법으로 해볼게요.

自分なりのやり方でやってみるよ。

지분나리노 야리카타데 얏테미루요

09 이런 식으로?

こんなふうに。

콘나 후-니?

10 좀 어려워.

ちょっと難しいよ。

춋토 무즈카시-요

11 이런 식으로 하면 간단해.

こんなふうにやれば簡単だよ。

콘나 후-니 야레바 칸탄다요

12 내가 하는 대로 해봐요.

私のする通りにしてみて。

와타시노 스루 토-리니 시테미테

01 **사토, 말 좀 잘 들어!**

佐藤、言う事よく聞きなさい!

사토-, 이우 코토요쿠 키키나사이!

02 **스스로 해라.**

自分でやりなさい。

지분데 야리나사이

03 **중도에 포기하지 마.**

途中で諦めるな。

토츄-데 아키라메루나

04 **좀 더 노력을 해야 한다.**

もう少し努力をするべきだ。

모- 스코시 도료쿠오 스루 베키다

05 **하찮은 실수를 반복하지 마라.**

くだらない間違いを繰り返すな。

쿠다라나이 마치가이오 쿠리카에스나

06 **그 일을 하는 것은 너의 의무야.**

その事をするのが君の義務だ。

소노 코토오 스루노가 키미노 기무다

07 주의에 주의를 거듭해라.

念には念を入れなさい。

넨니와 넹오 이레나사이

08 잘 생각하고 결심해라.

よく考えて決心しなさい。

요쿠 캉가에테 켓신 시나사이

09 자존심을 가져.

自尊心を持ちなさい。

지손싱오 모치나사이

10 모든 것에 더 적극적이길 바란다.

全ての事にもっと積極的であってほしい。

스베테노 코토니 못토 섹쿄쿠테키데 앗테 호시이

11 달리 생각할 수는 없니?

他に考えようはないの。

호카니 캉가에요-와 나이노?

12 섣불리 믿으면 안 돼.

下手に信用したらだめだ。

헤타니 싱요-시타라 다메다

01 **주의 좀 주겠습니다.**

ちょっと注意しておきます。

촛토 츄-이시테 오키마스

---

02 **여기에는 함정이 있어.**

これには落とし穴がある。

코레니와 오토시아나가 아루

---

03 **위험해! 장난은 안 돼.**

危ない! いたずらはだめだ。

아부나이! 이타즈라와 다메다

---

04 **아직 축배는 빨라.**

早まるのはまだだ。

하야마루노와 마다다

---

05 **좀 더 상황을 살피자.**

もう少し状況を見よう。

모- 스코시 죠-쿄-오 미요-

---

06 **장소를 가려서 하세요.**

場所をわきまえなさい。

바쇼오 와키마에나사이

01 입 조심하게.

口の聞き方に気をつけて。

쿠치노 키키카타니 키오 츠케테

---

02 규칙을 지켜.

ルールを守れ。

루-루오 마모레

---

03 제멋대로 말하지 마.

自分勝手に言うな。

지붕 캇테니 이우나

---

04 함부로 돈을 쓰는 게 아니야.

むやみに金を使うんじゃない。

무야미니 카네오 츠카운쟈 나이

---

05 너는 태도가 나빠.

君は態度が悪いよ。

키미와 타이도가 와루이요

---

06 버릇없는 짓을 그만둬.

行儀の悪い事はやめなさい。

교-기노 와루이 코토와 야메나사이

01 싸움은 그만둬.

喧嘩はやめなさい。

켕카와 야메나사이

02 내 욕 하지 마!

私の悪口を言わないで!

와타시노 와루쿠치오 이와나이데!

03 끼여들지 마!

干渉するな!

칸쇼- 스루나!

04 엉망으로 만들지 마.

台無しにしないで。

다이나시니 시나이데

05 한 번 그를 야단쳐야겠어.

一度彼を叱らなければならない。

이치도 카레오 시카라나케레바 나라나이

06 그런 말을 하면 안 돼.

そんなこと言っちゃだめだよ。

손나 코토 잇챠 다메다요

현지에서 찐으로 통하는 회화는 따로 있다

교통표현

현지에서 찐으로 통하는 회화는 따로 있다

길 안내에 관한 표현

가장 많이 쓰이는 회화

이 주위에 지하철역은 있습니까?

この周辺に地下鉄の駅はありますか。

이 길로 곧장 가세요.

この道を真っ直ぐ行ってください。

제가 지금 있는 곳이 어디입니까?

私が今いる所はどこですか。

지도로 가르쳐 드릴게요.

地図で説明してあげますね。

01 실례합니다, 이 역까지 어떻게 가면 좋을까요?

すみません、この駅までどう行けばいいですか。

스미마센, 코노 에키마데 도- 이케바 이-데스까?

02 팔레스 호텔로 가는 길을 가르쳐 줄래요?

パレス−ホテルへ行く道を教えてくれませんか。

파레스-호테루에 이쿠 미치오 오시에테 쿠레마셍까?

03 병원에는 어떻게 가면 좋을까요?

病院へはどう行けばいいですか。

뵤잉에와 도- 이케바 이이데스까?

04 이 주위에 지하철역은 있습니까?

この周辺に地下鉄の駅はありますか。

코노 슈-헨니 치카테츠노 에키와 아리마스까?

05 책방을 찾고 있는데, 이 근처에 있습니까?

本屋を探してるんですが、この辺にありますか。

홍야오 사가시테이룬데스가, 코노 헨니 아리마스까?

06 우에노 공원은 이 길로 가면 됩니까?

上野公園はこの道を行けばいいですか。

우에노 코-엥와 코노 미치오 이케바 이-데스까?

07 저는 방향치입니다.

私は方向音痴です。

와타시와 호-코- 온치데스

---

08 걸어서 몇 분 걸립니까?

歩いて何分かかりますか。

아루이테 난풍 카카리마스까?

---

09 제가 지금 있는 곳이 어디입니까?

私が今いる所はどこですか。

와타시가 이마이루 토코로와 도코데스까?

---

10 길을 잃었습니다. 좀 도와주시겠습니까?

道に迷いました。ちょっと、助けてくださいませんか。

미치니 마요이마시타. 춋토, 타스케테 쿠다사이 마셍카?

---

11 그곳으로 가는 가장 좋은 방법은 무엇입니까?

ここから一番いい行き方は何ですか。

코코카라 이치방 이-이키카타와 난데스까?

---

12 긴자로 가는 데 가장 좋은 방법은 무엇일까요?

銀座へ行くのに一番いい方法は何でしょうか。

긴자에 이쿠노니 이치방 이- 호-호-와 난데쇼-까?

01 난처하신 모양이신데, 도와 드릴까요?

お困りのようですが、私で何か役に立つでしょうか。

오코마리노 요-데스가, 와타시데 나니카 야쿠니 타츠데쇼-까?

---

02 어디에 가십니까?

どこへいらっしゃいますか。

도코에 이랏샤이마스까?

---

03 집 주소를 보여 주시겠어요?

家の住所を見せてもらえますか。

이에노 쥬-쇼오 미세테 모라에마스까?

---

04 이 길로 곧장 가세요.

この道を真っ直ぐ行ってください。

코노 미치오 맛스구 잇테 쿠다사이

---

05 이 길로 100미터 정도 가세요.

この道を百メートル行ってください。

코노 미치오 햐쿠 메-토루 잇테 쿠다사이

---

06 두 번째 모퉁이에서 왼쪽으로 도세요.

二つ目の角を左に曲がりなさい。

후타츠메노 카도오 히다리니 마가리나사이

07 카페가 있는 곳에서 좌회전하면 오른쪽에 사무실이 있습니다.

コーヒーショップの所を左折すれば右側に
事務所があります。

코-히- 숍푸노 토코로오 사세츠스레바 미기가와니 지무쇼가 아리마스

---

08 주유소가 있는 곳에서 우회전해서 100미터 지난 왼쪽에 있습니다.

ガソリンスタンドの所を右折して百メートル行
った左側です。

가소린스탄도노 토코로오 우세츠시테 햐쿠 메-토루 잇타 히다리가와 데스

---

09 여기는 횡단할 수 없으니까, 저 육교 있는 곳까지 가면 됩니다.

ここは横断できませんから、あの歩道橋の所
まで行けばいいですよ。

코코와 오-단 데키마셍카라, 아노 호도-쿄-노 토코로마데 이케바 이-데스요

---

10 지금 온 길을 돌아가야 합니다.

今来た道を戻らなければなりません。

이마 키타 미치오 모도라나케레바 나리마센

---

11 여기서 걸어서 약 3분 정도입니다.

ここから歩いて約3分ほどです。

코코카라 아루이테 야쿠 산푼호도데스

12 저도 그쪽으로 갈 테니까, 따라오세요.

わたし
私もそちらへ行きますから、付いて来てください。

와타시모 소치라에 이키마스카라, 츠이테 키테 쿠다사이

---

13 지도로 가르쳐 드릴게요.

ち ず   せつ めい
地図で説明してあげますね。

치즈데 세츠메이 시테 아게마스네

---

14 죄송합니다만, 저도 잘 모릅니다.

ざん ねん   わたし   わ
残念ながら、私もよく分かりません。

잔넨나가라, 와타시모 요쿠 와카리마센

---

15 저도 여기는 처음이라서요.

わたし   はじ
私もここは初めてですから。

와타시모 코코와 하지메테 데스카라

---

16 미안하지만, 이 주변은 그다지 잘 모릅니다.

あた   し
すみませんが、この辺りはあまりよく知りません。

스미마센가, 코노 아타리와 아마리 요쿠 시리마센

---

17 파출소가 있습니다. 거기라면 분명 알 수 있을 겁니다.

こう ばん   わ   おも
交番があります。あそこならきっと分かると思います。

코-방가 아리마스. 아소코나라 킷토 와카루토 오모이마스

현지에서 찐으로 통하는 회화는 따로 있다

대중교통에 관한 표현

가장 많이 쓰이는 회화

버스정류장은 어디에 있습니까?

バス停はどこにありますか。

다음 모퉁이에서 좌회전하세요.

次の角で左折してください。

택시를 불러 주겠어요?

タクシーを呼んでくれますか。

어디까지 가십니까?

どちらまでいらっしゃいますか。

01 버스정류장은 어디에 있습니까?

バス停はどこにありますか。

바스테-와 도코니 아리마스까?

---

02 이 버스는 공항에 갑니까?

このバスは空港へ行きますか。

코노 바스와 쿠-코-에 이키마스까?

---

03 14번 버스를 타십시오.

14番のバスに乗ってください。

쥬-욘반노 바스니 놋테 쿠다사이

---

04 버스를 잘못 탔습니다.

バスを乗り間違えました。

바스오 노리마치가에 마시타

---

05 이 버스는 어디 행입니까?

このバスはどこ行きですか。

코노 바스와 도코 유키데스까?

---

06 여기에 요금을 넣으면 됩니까?

ここに料金を入れればいいですか。

코코니 료-킹오 이레레바 이-데스까?

07 마지막 버스는 몇 시입니까?

最終バスは何時ですか。

사이슈- 바스와 난지데스까?

08 우에노를 지납니까?

上野を通りますか。

우에노오 토-리마스까?

09 죄송합니다, 지나쳤습니다.

すみません、乗り過ごしました。

스미마센, 노리스고시 마시타

10 다음 버스는 몇 시에 옵니까?

次のバスは何時に来ますか。

츠기노 바스와 난지니 키마스까?

11 여기에서 몇 번째입니까?

ここから何番目ですか。

코코카라 남밤메 데스까?

12 도착하면 알려 주시겠어요?

着いたら知らせてくださいますか。

츠이타라 시라세테 쿠다사이마스까?

01 근처에 택시 승강장이 있습니까?

近くにタクシー乗り場はありますか。

치카쿠니 타쿠시- 노리바와 아리마스까?

---

02 택시를 불러 주겠어요?

タクシーを呼んでくれますか。

타쿠시-오 욘데 쿠레마스까?

---

03 어디까지 가십니까?

どちらまでいらっしゃいますか。

도치라마데 이랏샤이마스까?

---

04 프린스 호텔까지 부탁합니다.

プリンスホテルまでお願いします。

푸린스 호테루마데 오네가이시마스

---

05 공항까지 가 주세요.

空港まで行ってください。

쿠-코-마데 잇테 쿠다사이

---

06 공항까지 가격이 얼마입니까?

空港までだいたいいくらですか。

쿠-코-마데 다이타이 이쿠라데스까?

255

07 곧장 가 주세요.

真っ直ぐ行ってください。

맛스구 잇테 쿠다사이

---

08 다음 모퉁이에서 좌회전하세요.

次の角で左折してください。

츠기노 카도데 사세츠 시테 쿠다사이

---

09 급해서 그러는데 빠른 길로 가 주세요.

急いでいるので近道してください。

이소이데 이루노데 치카미치 시테 쿠다사이

---

10 여기서 세워 주세요.

ここで止めてください。

코코데 토메테 쿠다사이

---

11 요금은 얼마입니까?

料金はいくらですか。

료-킹와 이쿠라 데스까?

---

12 자, 3천 엔입니다. 거스름돈은 됐습니다.

じゃ、3千円です。お釣りは結構です。

챠-, 산젱엔데스. 오츠리와 켁코-데스

01 이 주위에 지하철역은 있습니까?

この辺りに地下鉄の駅はありますか。

코노 아타리니 치카테츠노 에키와 아리마스까?

---

02 나리타 공항은 어떻게 가면 좋을까요?

成田空港へはどう行ったらいいでしょうか。

나리타 쿠-코-에와 도- 잇타라 이-데쇼-까?

---

03 지하철이 가장 빠릅니다.

地下鉄が一番速いです。

치카테츠가 이치방 하야이데스

---

04 가장 가까운 역은 어디입니까?

一番返い駅はどこですか。

이치방 치카이 에키와 도코데스까?

---

05 매표소는 어디입니까?

切符売り場はどこですか。

킷푸 우리바와 도코데스까?

---

06 실례합니다. 신주쿠 역은 어디입니까?

すみません。新宿駅はどこですか。

스미마센. 신쥬쿠 에키와 도코데스까?

07 지하철 노선도를 한 장 주실래요?

<ruby>地下鉄<rt>ち か てつ</rt></ruby>の<ruby>路線図<rt>ろ せん ず</rt></ruby>を<ruby>一枚<rt>いち まい</rt></ruby>もらえますか。

치카테츠노 로센즈오 이치마이 모라에마스까?

---

08 남쪽 출구는 어디입니까?

<ruby>南口<rt>みなみぐち</rt></ruby>はどこですか。

미나미구치와 도코데스까?

---

09 다음 역에 섭니까?

<ruby>次<rt>つぎ</rt></ruby>の<ruby>駅<rt>えき</rt></ruby>に<ruby>止<rt>と</rt></ruby>まりますか。

츠기노 에키니 토마리마스까?

---

10 종점은 어디입니까?

<ruby>終点<rt>しゅうてん</rt></ruby>はどこですか。

슈-텡와 도코데스까?

---

11 어디서 갈아타면 됩니까?

どこで<ruby>乗<rt>の</rt></ruby>り<ruby>換<rt>か</rt></ruby>えたらいいですか。

도코데 노리카에타라 이-데스까?

---

12 몇 분 간격으로 옵니까?

<ruby>何分<rt>なん ぶん</rt></ruby>おきに<ruby>来<rt>き</rt></ruby>ますか。

남풍 오키니 키마스까?

13 긴자로 가는 것은 어느 선입니까?

銀座へ行くのはどの線ですか。

긴자에 이쿠노와 도노 센데스까?

14 다음 역에서 중앙선을 타세요.

次の駅で中央線に乗ってください。

츠기노 에키데 츄-오-센니 놋테 쿠다사이

15 어느 역에서 내리면 됩니까?

どこの駅で降りればいいですか。

도코노 에키데 오리레바 이-데스까?

16 당신이 내릴 역은 여기에서 다섯 번째입니다.

あなたの降りる駅はここから五つ目です。

아나타노 오리루 에키와 코코카라 이츠츠메데스

17 급행은 이 역에 섭니까?

急行はこの駅に止まりますか。

큐-코-와 코노 에키니 토마리마스까?

18 완행전철을 타면 1시간 정도 걸립니다.

各駅停車に乗れば一時間ぐらいかかります。

카쿠에키 테-샤니 노레바 이치지캉 구라이 카카리마스

01 11시 열차에 빈자리가 있습니까?

11時の列車に空席はありますか。

쥬-이치지노 렛샤니 쿠-세키와 아리마스까?

02 오사카 왕복 한 장 주세요.

大阪まで往復一枚ください。

오-사카마데 오-후쿠 이치마이 쿠다사이

03 도쿄까지 어른 두 장, 어린이 한 장 주세요.

東京まで大人二枚、子供一枚ください。

토-쿄-마데 오토나 니마이, 코도모 이치마이 쿠다사이

04 이 표로 이 급행을 탈 수 있습니까?

この切符でこの急行に乗れますか。

코노 킷푸데 코노 큐-코-니 노레마스까?

05 이건 급행입니까, 완행입니까?

これは急行ですか、鈍行ですか。

코레와 큐-코-데스까, 동코-데스까?

06 식당칸은 딸려 있습니까?

食堂車はついていますか。

쇼쿠도-샤와 츠이테 이마스까?

01 승선시간은 몇 시입니까?

乗船時間は何時ですか。

죠-센지캉와 난지 데스까?

02 부산행 배는 몇 번 부두에서 떠납니까?

プサン行きの船は何番埠頭から出ますか。

푸상유키노 후네와 남방 후토-카라 데마스까?

03 2등 선실을 예약했습니다.

二等船室を予約しました。

니토- 센시츠오 요야쿠시마시타

04 선편 여행은 좋아하십니까?

船旅はお好きですか。

후나타비와 오스키데스까?

05 다음 기항지는 어디입니까?

次の寄港地はどこですか。

츠기노 키코-치와 도코데스까?

06 구명조끼는 어디에 있습니까?

救命胴衣はどこにありますか。

큐-메-도-이와 도코니 아리마스까?

UNIT 03

현지에서 찐으로 통하는 회화는 따로 있다

자동차에 관한 표현

가장 많이 쓰이는 회화

렌트카를 빌리고 싶은데요.

レンタカーを借りたいのですが。

어떤 형의 차를 원하십니까?

どんな型の車をお望みですか。

주유소를 찾아야겠어요.

ガソリンスタンドを探さないと。

주유소까지 약 2~3킬로입니다.

ガソリンスタンドまで約2~3キロです

01 렌트카를 빌리고 싶은데요.

レンタカーを借りたいのですが。

렌타카-오 카리타이노데스가

---

02 어떤 형의 차를 원하십니까?

どんな型の車をお望みですか。

돈나 카타노 쿠루마오 오노조미데스까?

---

03 싸고 운전하기 쉬운 차를 원합니다.

安くて運転しやすい車お願います。

야스쿠테 운텐시야스이 쿠루마 오네가이마스

---

04 요금표를 보여 주세요.

料金表を見せてください。

료-킨효-오 미세테 쿠다사이

---

05 서류에 기입했습니다. 이정도면 됐나요?

書類に記入しました。これでいいですか。

쇼루이니 키뉴-시마시타. 코레데 이- 데스까?

---

06 이것이 제 국제면허증과 신용카드입니다.

これが私の国際免許証とクレジットカードです。

코레가 와타시노 코쿠사이 멩쿄쇼-토 쿠레짓토 카-도데스

01 당신 아파트 앞에서 차를 태워 드리지요.

あなたのアパートの前で車に乗せてあげましょう。

아나타노 아파-토노 마에데 쿠루마니 노세테 아게마쇼-

---

02 고속도로를 탑시다.

高速道路を使いましょう。

코-소쿠 도-로오 츠카이마쇼-

---

03 속도를 줄여요. 요철이 있는 길이니까.

スピードを落として。でこぼこ道だから。

스피-도오 오토시테. 데코보코 미치다카라

---

04 조심해요. 도로가 좀 미끄러우니까.

気をつけて。道路がちょっと滑るから。

키오 츠케테. 도-로가 춋토 스베루카라

---

05 적어도 80킬로로 달려야 해.

少なくとも80キロで走らなくては。

스쿠나쿠토모 하치좃키로데 하시라나쿠테와

---

06 저 빨간 신호가 있는 곳에서 우회전할게요.

あの赤信号の所で右折しますよ。

아노 아카싱고-노 토코로데 우세츠시마스요

264

01 기름이 떨어졌네요. 주유소를 찾아야겠어요.

ガソリンが切れそうだ。ガソリンスタンドを探さないと。

가소링가 키레소-다. 가소린 스탄도오 사가사나이토

---

02 주유소까지 약 2~3킬로입니다.

ガソリンスタンドまで約2~3キロです。

가소린 스탄도 마데 야쿠 니~상 키로데스

---

03 어디에 차를 세울까요?

どこに車を止めましょうか。

도코니 쿠루마오 토메마쇼-까?

---

04 가득 채워 주세요.

満タンにしてください。

만탕니 시테 쿠다사이

---

05 이 주변에 주차장이 있습니까?

この辺に駐車場はありますか。

코노 헨니 츄-샤죠-와 아리마스까?

---

06 세차해 주세요.

洗車してください。

센샤시테 쿠다사이

01 타이어 공기압을 살펴 주세요.

タイヤの空気圧を調べてください。

타이야노 쿠-키아츠오 시라베테 쿠다사이

02 펑크가 났는데, 수리해 주세요.

パンクしたので、修理してください。

팡쿠 시타노데, 슈-리시테 쿠다사이

03 브레이크 어딘가 상태가 좋지 않습니다.

ブレーキのどこかが具合が悪いです。

부레-키노 도코카가 구아이가 와루이데스

04 차에서 이상한 소리가 납니다.

車から変な音がします。

쿠루마카라 헨나 오토가 시마스

05 차가 고장 났습니다. 견인하러 와 주세요.

車の故障です。取りに来てください。

쿠루마노 코쇼-데스. 토리니 키테 쿠다사이

06 엔진오일 좀 봐주세요.

ちょっと、エンジンオイルを見てください。

춋토, 엔징오이루오 미테 쿠다사이

01 **구급차를 부탁합니다! 자동차 사고입니다.**

救急車をお願いします! 自動車事故です。

큐-큐-샤오 오네가이시마스! 지도-샤지코 데스

---

02 **경찰을 불러 주세요.**

警察を呼んでください。

케-사츠오 욘데 쿠다사이

---

03 **도와줘요! 사고예요!**

助けて! 事故だ!

타스케테! 지코다!

---

04 **정면충돌 사고입니다.**

正面衝突事故です。

쇼-멘쇼-토츠 지코데스

---

05 **속도위반입니다.**

スピード違反です。

스피-도 이한 데스

---

06 **신호위반입니다.**

信号無視です。

싱고- 무시데스

현지에서 찐으로 통하는 회화는 따로 있다

쇼핑표현

PART 08

현지에서 찐으로 통하는 회화는 따로 있다

쇼핑에 관한 표현

가장 많이 쓰이는 회화

선물을 사고 싶은데요.

お土産を買いたいんですが。

그럼, 민예품 매장이 좋겠군요.

では、民芸品の売り場がいいですね。

어디서 싸게 살 수 있습니까?

どこで安く買えますか。

저 가게는 다른 가게보다 싸게 팔고 있어요.

あの店はほかの店より安く売っていますよ。

01 일본에서 가장 유명한 백화점은 어디에 있습니까?

日本で一番有名なデパートはどこにありますか。

니혼데 이치방 유-메-나 데파-토와 도코니 아리마스까?

02 이 도시의 특산품은 무엇입니까?

この町の特産品は何ですか。

코노 마치노 토쿠상힝와 난데스까?

03 상가를 구경하고 싶은데요.

商店街を見物したいんですが。

쇼-텡가이오 켐부츠시타인데스가

04 근처에 시계가게가 있습니까?

近くに時計屋はありますか。

치카쿠니 토케이야와 아리마스까?

05 근처에서 과일을 살 수 있습니까?

近くで果物が買えますか。

치카쿠데 쿠다모노가 카에마스까?

06 면세점이 백화점 안에 있습니까?

免税店がデパートの中にありますか。

멘제-텡가 데파-토노 나카니 아리마스까?

07 주류가게는 어디에 있습니까?

酒屋はどこにありますか。

사카야와 도코니 아리마스까?

08 카메라는 어디에 가면 싸게 살 수 있습니까?

カメラはどこへ行けば安く買えますか。

카메라와 도코에 이케바 야스쿠 카에마스까?

09 백화점에 가면 좋은 물건을 살 수 있어요.

デパートへ行ったら、いい物が買えますよ。

데파-토에 잇타라, 이-모노가 카에마스요

10 어디서 싸게 살 수 있습니까?

どこで安く買えますか。

도코데 야스쿠 카에마스까?

11 저 가게는 다른 가게보다 싸게 팔고 있어요.

あの店はほかの店より安く売っていますよ。

아노 미세와 호카노 미세요리 야스쿠 웃테 이마스요

12 직접 보면서 정하려고 합니다.

直接見ながら決めようと思います。

쵸쿠세츠 미나가라 키메요-토 오모이마스

13 선물을 사고 싶은데요.

お土産を買いたいんですが。

오미야게오 카이타잉데스가

14 일본의 전통적인 것을 사고 싶은데요.

日本の伝統的なのが買いたいんですが。

니혼노 텐토-테키나노가 카이타잉데스가

15 기념품으로 인기가 있는 것은 무엇입니까?

記念品として人気のある物は何ですか。

키넹힌토시테 닝키노 아루 모노와 난데스까?

16 그럼, 민예품 매장이 좋겠군요.

では、民芸品の売り場がいいですね。

데와, 밍게-힝노 우리바가 이-데스네

17 저기에 보이는 백화점 옆에 있습니다.

あそこに見えるデパートの横にあります。

아소코니 미에루 데파-토노 요코니 아리마스

18 저와 함께 가보지 않겠습니까?

私と一緒に行ってみませんか。

와타시토 잇쇼니 잇테 미마셍까?

01 어서 오십시오.

いらっしゃいませ。

이랏샤이마세

---

02 친구에게 줄 좋은 선물이 없는지 찾고 있는데요.

友達へのプレゼントにいい物はないか探してるのですが。

토모다치에노 푸레젠토니 이-모노와 나이카 사가시테루노데스가

---

03 이것은 어떻습니까?

これはいかがですか。

코레와 이카가데스까?

---

04 저걸 보여 주세요.

あれを見せてください。

아레오 미세테 쿠다사이

---

05 어느 걸로 할까?

どれにしようかな。

도레니 시요-카나

---

06 둘 다 좋아요. 망설여지네요.

二つともいいですね。迷ってしまいますね。

후타츠토모 이-데스네. 마욧테 시마이마스네

274

07 이것이 가장 마음에 듭니다.

これが一番気に入ります。

코레가 이치방 키니 이리마스

08 좀 비싼 것 같군요.

ちょっと高いようですね。

춋토 타카이 요-데스네

09 더 싼 것을 몇 개 보여 주지 않을래요?

もっと安いのをいくつか見せてくれませんか。

못토 야스이노오 이쿠츠카 미세테 쿠레마셍까?

10 그밖에 어떤 종류가 있습니까?

他にどんな種類がありますか。

호카니 돈나 슈루이가 아리마스까?

11 이건 무엇으로 만들어졌습니까?

これは何で作っていますか。

코레와 나니데 츠쿳테 이마스까?

12 이건 무엇에 쓰이는 겁니까?

これは何に使うんですか。

코레와 나니니 츠카운데스까?

13 이건 저에게 너무 큽니다.

これは私<ruby>わたし</ruby>には大<ruby>おお</ruby>きすぎます。

코레와 와타시니와 오-키스기마스

---

14 이것보다 작은 것은 없습니까?

これより小<ruby>ちい</ruby>さいのはありませんか。

코레요리 치-사이노와 아리마셍까?

---

15 같은 것으로 다른 사이즈는 있습니까?

同<ruby>おな</ruby>じので別<ruby>べつ</ruby>のサイズはありますか。

오나지노데 베츠노 사이즈와 아리마스까?

---

16 그건 나에게 맞지 않는 것 같습니다.

それは私<ruby>わたし</ruby>には合<ruby>あ</ruby>わないようです。

소레와 와타시니와 아와나이 요-데스

---

17 사시겠습니까?

お買<ruby>か</ruby>いになりますか。

오카이니 나리마스까?

---

18 좀 입어보겠습니다.

ちょっと試着<ruby>しちゃく</ruby>してみます。

춋토 시챠쿠시테 미마스

276

19 그걸 주세요. 얼마입니까?

それをください。いくらですか。

소레오 쿠다사이. 이쿠라데스까?

20 품질이 더 좋은 것은 없습니까?

品質のもっと良いのはありませんか。

힝시츠노 못토 이-노와 아리마셍까?

21 요즘에는 어떤 것이 잘 팔립니까?

最近はどんなのがよく売れていますか。

사이킹와 돈나노가 요쿠 우레테 이마스까?

22 이건 좀 유행에 뒤쳐진 것 같군요.

これはちょっと流行遅れのようですね。

코레와 춋토 류-코- 오쿠레노 요-데스네

23 좀 더 둘러보는 것이 좋을 것 같네요.

もう少し見てみるのが良さそうですね。

모- 스코시 미테미루노가 요사소-데스네

24 다음에 살게요.

次に買います。

츠기니 카이마스

현지에서 찐으로 통하는 회화는 따로 있다

물건 구입에 관한 표현

가장 많이 쓰이는 회화

어서오세요. 무엇을 드릴까요?

いらっしゃいませ。<ruby>何<rt>なに</rt></ruby>を<ruby>差<rt>さ</rt></ruby>し<ruby>上<rt>あ</rt></ruby>げましょうか。

빵 2개 주세요.

パンを<ruby>二<rt>ふた</rt></ruby>つください。

이것은 어떻습니까?

これはいかがですか。

배달해 주시겠어요?

<ruby>配達<rt>はい たつ</rt></ruby>していただけますか。

01 어디 슈퍼에서 항상 물건을 삽니까?

どこのスーパーでいつも買物をしますか。

도코노 스-파-데 이츠모 카이모노오 시마스까?

02 오늘은 무척 붐비는군요.

今日はずいぶん混んでいますね。

쿄-와 즈이붕 콘데 이마스네

03 카트(손수레)를 가지고 오는 게 좋을 것 같군요.

カートを取って来た方がよさそうですね。

카-토오 톳테 키타 호-가 요사소-데스네

04 정육 코너에 갑시다.

肉のコーナーへ行きましょう。

니쿠노 코-나-에 이키마쇼-

05 유제품 매장은 어디입니까?

乳製品の売場はどこですか。

뉴-세이힝노 우리바와 도코데스까?

06 가공식품 코너는 어디입니까?

加工食品のコーナーはどこですか。

카코-쇼쿠힝노 코-나-와 도코데스까?

07 진공 포장된 건포도는 어디에 있습니까?

真空パックされた干し葡萄はどこにありますか。

싱쿠-팍쿠사레타 호시부도-와 도코니 아리마스까?

---

08 제조 연월일은 언제입니까?

製造年月日はいつですか。

세이조- 넹갑피와 이츠데스까?

---

09 여기에 있는 것은 전부 100엔이군요.

ここにあるのは全部百円ですね。

코코니 아루노와 젬부 햐쿠엔 데스네

---

10 저건 싸고 좋군요.

あれは安くていいですね。

아레와 야스쿠테 이-데스네

---

11 계산대로 가지고 오세요.

レジの所へ持って来てください。

레지노 토코로에 못테키테 쿠다사이

---

12 배달해 주시겠어요?

配達していただけますか。

하이타츠시테 이타다케마스까?

01 매장 안내는 있습니까?

売場案内はありますか。
うり ば あん ない

우리바 안나이와 아리마스까?

---

02 엘리베이터는 어디입니까?

エレベーターはどこですか。

에레베-타-와 도코데스까?

---

03 전기제품 매장은 어느 쪽입니까?

電気製品売場はどちらですか。
でん き せい ひん うり ば

뎅키세이힝 우리바와 도치라데스까?

---

04 식료품은 지하겠죠?

食料品は地下でしょう。
しょくりょう ひん   ち か

쇼쿠료-힝와 치카데쇼-?

---

05 선물용 상품권은 어디서 살 수 있습니까?

贈答用の商品券はどこで買えますか。
ぞう とう よう   しょう ひん けん   か

조-토-요-노 쇼-힝켕와 도코데 카에마스까?

---

06 이것에는 보증이 붙어있나요?

これには保証が付いてますか。
ほ しょう   つ

코레니와 호쇼-가 츠이테 마스까?

---

01 이 양복을 입어 봐도 되겠습니까?

この背広を着てみてもいいですか。

코노 세비로오 키테미테모 이-데스까?

02 이 옷감은 무엇입니까?

この生地は何ですか。

코노 키지와 난데스까?

03 이 디자인은 나에게 맞을까요?

このデザインは私に合うでしょうか。

코노 데자잉와 와타시니 아우데쇼-까?

04 양복을 맞추고 싶은데요.

背広を注文したいのですが。

세비로오 츄-몬 시타이노데스가

05 견본을 보여 주세요.

見本を見せてください。

미홍오 미세테 쿠다사이

06 이 넥타이는 얼마입니까?

このネクタイはいくらですか。

코노 네쿠타이와 이쿠라데스까?

07 얇고 파란 셔츠를 보고 싶은데요.

薄いブルーのシャツを見たいのですが。

우스이 부루-노 샤츠오 미타이노데스가

---

08 마네킹의 것과 같은 블라우스를 주시겠어요?

マネキンのと同じブラウスをいただけますか。

마네킨노토 오나지 부라우스오 이타다케마스까?

---

09 좀 더 밝은 색은 없습니까?

もう少し明るい色はありませんか。

모- 스코시 아카루이 이로와 아리마셍까?

---

10 이 예쁜 핑크 색상이 마음에 들어.

このきれいなピンクの色合いが気に入った。

코노 키레이나 핑쿠노 이로아이가 키니 잇타

---

11 이 디자인은 지금 유행하고 있습니까?

このデザインは今流行してますか。

코노 데자잉와 이마 류-코- 시테마스까?

---

12 저 레인코트를 보여 주세요.

あのレインコートを見せてください。

아노 레잉코-토오 미세테 쿠다사이

01 지금 유행하는 모자를 몇 가지 보여 주세요.

今流行の帽子を何種類か見せてください。

이마 류-코-노 보-시오 난슈루이카 미세테 쿠다사이

---

02 어린이용 야구 모자를 찾고 있는데요.

子供用の野球帽を探してるんですが。

코도모요-노 야큐-보-오 사가시테룬데스가

---

03 이 모자는 테두리나 리본이 마음에 안 들어요.

この帽子は縁やリボンが入に入りません。

코노 보-시와 후치야 리봉가 키니 이리마셍

---

04 거울은 어디에 있어요?

鏡はどこにありますか。

카가미와 도코니 아리마스까?

---

05 검정 가죽구두가 필요한데요.

黒の革靴がほしいのですが。

쿠로노 카와구츠가 호시-노데스가

---

06 이건 무슨 가죽입니까?

これは何の皮ですか。

코레와 난노 카와데스까?

07 이 하이힐을 신어 봐도 되겠어요?

このハイヒールを履いてみてもいいですが。

코노 하이히-루오 하이테 미테모 이-데스까?

08 구두주걱을 빌려 주세요.

靴べらを貸してください。

쿠츠베라오 카시테 쿠다사이

09 폭이 좁아서 저에게는 너무 꼭 끼어요.

幅が狭くて、私にはきつすぎます。

하바가 세마쿠테, 와타시니와 키츠스기마스

10 더 큰 사이즈를 보여 주세요.

もっと大きいサイズを見せてください。

못토 오-키- 사이즈오 미세테 쿠다사이

11 이것이 딱 맞습니다.

これがぴったり合います。

코레가 핏타리 아이마스

12 같은 사이즈로 갈색 있습니까?

同じサイズで茶色がありますか。

오나지 사이즈데 챠이로가 아리마스까?

01 안녕하세요. 야채 사러 왔어요.

こんにちは、野菜を買いに来ましたよ。

콘니치와, 야사이오 카이니 키마시타요

---

02 어서오세요. 무엇을 드릴까요?

いらっしゃいませ。何を差し上げましょうか。

아럇샤이마세. 나니오 사시아게 마쇼-까?

---

03 글쎄요. 토마토와 양파를 주세요.

そうですね。トマトと玉葱をください。

소-데스네. 토마토토 타마네기오 쿠다사이

---

04 양상치 두 개와 당근 세 개 주세요.

レタス2つと人参を3つください。

레타스 후타츠토 닌징오 밋츠 쿠다사이

---

05 시금치와 아스파라거스를 주세요.

ほうれん草とアスパラガスをください。

호-렌소-토 아스파라가스오 쿠다사이

---

06 감자는 없습니까?

じゃが芋はありませんか。

쟈가이모와 아리마셍까?

07 제철 야채는 어느 것입니까?

季節の野菜はどんなものですか。
き せつ   や さい

키세츠노 야사이와 돈나 모노데스까?

---

08 호박은 시기가 지났습니다.

南瓜は時期外れです。
かぼちゃ   じ き はず

카보챠와 지키하즈레데스

---

09 이 포도를 한 송이 주세요.

この葡萄を一房ください。
ぶどう   ひと ぶさ

코노 부도-오 히토부사 쿠다사이

---

10 바나나 한 송이는 얼마입니까?

バナナ一房はいくらですか。
ひと ぶさ

바나나 히토부사와 이쿠라데스까?

---

11 이건 상했어요. 바꿔 주시겠어요?

これは傷んでます。取り換えてくれますか。
いた   と か

코레와 이탄데마스. 토리카에테 쿠레마스까?

---

12 지금 어떤 과일이 제철입니까?

今どんな果物が食べ頃ですか。
いま   くだ もの   た ごろ

이마 돈나 쿠다모노가 타베고로 데스까?

01 스테이크용 등심이 필요한데요.

ステーキ用のサーロインが必要なんですが。
よう / ひつ よう

스테-키요-노 사-로잉가 히츠요- 난데스가

---

02 닭고기가 필요한데요.

鶏肉が必要なんですが。
とり にく / ひつ よう

토리니쿠가 히츠요- 난데스가

---

03 신선한 돼지고기는 있습니까?

新鮮な豚肉はありますか。
しん せん / ぶた にく

신센나 부타니쿠와 아리마스까?

---

04 이 도미는 아주 좋군요.

この鯛はすごいですね。
たい

코노 타이와 스고이데스네

---

05 연어 조각살 3 토막 주세요.

鮭の切身を三枚ください。
さけ / きり み / さん まい

사케노 키리미오 산마이 쿠다사이

---

06 저 참치는 싱싱합니까?

あの鮪は新鮮ですか。
まぐろ / しん せん

아노 마구로와 신센데스까?

288

01 빵 두 개 주세요.

パンを二つ<ruby>二<rt>ふた</rt></ruby>つください。

팡오 후타츠 쿠다사이

---

02 햄버거와 핫도그를 만들 빵을 주세요.

ハンバーガーとホットドッグ<ruby>用<rt>よう</rt></ruby>のパンをください。

함바-가-토 홋토독구요-노 팡오 쿠다사이

---

03 갓 구운 빵은 없습니까?

<ruby>焼<rt>や</rt></ruby>き<ruby>立<rt>た</rt></ruby>てのパンはありませんか。

야키타테노 팡와 아리마셍까?

---

04 얇게 잘라 주세요.

<ruby>薄<rt>うす</rt></ruby>く<ruby>切<rt>き</rt></ruby>ってください。

우스쿠 킷테 쿠다사이

---

05 비스킷이나 도넛은 있습니까?

ビスケットかドーナツはありますか。

비스켓토카 도- 나츠와 아리마스까?

---

06 생일 케이크를 주문하고 싶은데요.

バースデーケーキを<ruby>注文<rt>ちゅうもん</rt></ruby>したいのですが。

바-스데-케-키오 츄-몬 시타이노데스가

289

현지에서 찐으로 통하는 회화는 따로 있다

흥정&계산에 관한 표현

가장 많이 쓰이는 회화

이건 얼마입니까?

これはいくらですか。

신용카드로 지불하고 싶은데요.

クレジットーカードで支払いたいんですが。

이걸 반품하고 싶은데요.

これを返品したいのですが。

영수증을 주시겠어요?

領収書をもらえますか。

01 이건 얼마예요?

これはいくらですか。

코레와 이쿠라데스까?

02 왜 가격이 다릅니까?

どうして値段が違うんですか。

도-시테 네당가 치가운데스까?

03 세금을 포함한 가격입니까?

税金を含んだ値段ですか。

제-킹오 후쿤다 네당데스까?

04 좀 할인할 수 있습니까?

少し割引できますか。

스코시 와리비키 데키마스까?

05 할인해 주면 두 개 사겠어요.

割引してくれれば、二つ買います。

와리비키시테 쿠레레바 후타츠 카이마스

06 가격은 적당하군요. 그걸 주세요.

値段は手頃ですね。それをください。

네당와 테고로데스네. 소레오 쿠다사이

01 전부해서 얼마가 됩니까?

全部でいくらになりますか。

젬부데 이쿠라니 나리마스까?

02 만 엔 권으로 거스름돈이 있습니까?

一万円札でお釣りがありますか。

이치망엔사츠데 오츠리가 아리마스까?

03 신용카드로 지불하고 싶은데요.

クレジットーカードで支払いたいんですが。

쿠레짓토-카-도데 시하라이 타잉데스가

04 할부로 할 수 있을 까요?

分割払いでできますか。

붕카츠바라이데 데키마스까?

05 현금으로 사면 조금 싸게 해줄 수 있나요?

現金で買えば、少し安くしてもらえますか。

겡킨데 카에바, 스코시 야스쿠시테 모라에마스까?

06 영수증을 주시겠어요?

領収書をもらえますか。

료-슈-쇼오 모라에마스까?

01 다른 것으로 교환해 주시겠어요?

他のと交換してもらえませんか。

호카노토 코-칸시테 모라에마셍까?

---

02 이걸 반품하고 싶은데요.

これを返品したいのですが。

코레오 헴핀 시타이노데스가

---

03 어제 샀습니다.

きのう買いました。

키노- 카이마시타

---

04 여기에 영수증이 있습니다.

ここに領収書があります。

코코니 료-슈-쇼가 아리마스

---

05 교환처는 어디에 있습니까?

交換カウンターはどこですか。

코-캉 카운타-와 도코데스까?

---

06 바느질이 조잡합니다.

縫い目が雑です。

누이메가 자츠데스

07 여기가 깨져 있었어요.

ここが壊れていましたよ。

코코가 코와레테 이마시타요

08 이 스커트를 환불해 주었으면 하는데요.

このスカートを払い戻してもらいたいのですが。

코노 스카-토오 하라이 모도시테 모라이타이노데스가

09 여기가 더럽습니다.

ここが汚れています。

코코가 요고레테 이마스

10 찢어져 있습니다.

破れています。

야부레테 이마스

11 색이 변했어요.

色が変色しています。

이로가 헨쇼쿠시테 이마스

12 원래 여기에 흠집이 있었습니다.

元々ここに傷がありました。

모토모토 코코니 키즈가 아리마시타

01 지금 주문하면 곧 받을 수 있습니까?

いま注文すれば、すぐ手に入りますか。

이마 츄-몬스레바, 스구테니 하이리마스까?

02 선물로 하시겠습니까?

贈物になさいますか。

오쿠리모노니 나사이마스까?

03 결혼 축하선물이니까, 그렇게 포장해 주시겠어요?

結婚祝いだから、そのように包んでもらえますか。

켁콩이와이다카라, 소노요-니 츠츤데 모라에마스까?

04 리본을 달아서 포장해 주시겠어요?

リボンをつけて包装していただけますか。

리봉오 츠케테 호-소-시테 이타다케마스까?

05 한국으로 보내줄 수 있나요?

韓国へ送ってもらえますか。

캉코쿠에 오쿳테 모라에마스까?

06 언제 배달해 줄 수 있나요?

いつ配達してもらえますか。

이츠 하이타츠시테 모라에마스까?

현지에서 찐으로 통하는 회화는 따로 있다

식사표현

PART

09

현지에서 찐으로 통하는 회화는 따로 있다

식사 제의에 관한 표현

가장 많이 쓰이는 회화

저녁 식사 같이 하시겠어요?

夕食、一緒にしましょうか。

자, 갑시다. 제가 살게요.

じゃ、行きましょう。私がおごりますよ。

어디서 먹고 싶으세요?

どこで食べたいですか。

이 근처에 있는 식당으로 가시죠.

この近くにある店に行きましょう。

01 우리 점심 식사나 같이 할까요?

昼御飯でも一緒に食べよう。

히루고항데모 잇쇼니 타베요-

02 저녁 식사 같이 하시겠어요?

夕食、一緒にしましょうか。

유-쇼쿠, 잇쇼니 시마쇼-까?

03 무척 배가 고프네. 먹으러 갈까요?

とてもお腹が空いた。食べに行きましょうか。

토테모 오나카가 스이타. 타베니 이키마쇼-까?

04 나가서 먹는 게 어때?

外で食べるのは、どう。

소토데 타베루노와, 도-?

05 언제 시간나면 같이 식사나 합시다.

いつか、時間があれば一緒に食事でもしましょう。

이츠카, 지캉가 아레바 잇쇼니 쇼쿠지데모 시마쇼-

06 자, 갑시다. 제가 살게요.

じゃ、行きましょう。私がおごりますよ。

쟈-, 이키마쇼-. 와타시가 오고리마스요

01 어디 특별히 좋다고 생각되는 곳 있으세요?

どこか特別にいいと思う所あります。

도코카 토쿠베츠니 이-토 오모우 토코로 아리마스?

---

02 제가 레스토랑을 예약해 둘까요?

私がレストランを予約しておきましょうか。

와타시가 레수토랑오 요야쿠시테 오키마쇼-까?

---

03 뭘 드시고 싶으세요? 한식? 양식? 일식?

何が食べたいですか。韓食? 洋食? 和食?

나니가 타베타이데스까? 칸쇼쿠? 요-쇼쿠? 와쇼쿠?

---

04 어디서 먹고 싶으세요?

どこで食べたいですか。

도코테 타베타이데스까?

---

05 어디를 추천하겠니?

どこか推薦してくれませんか。

도코카 스이센시테 쿠레마센까?

---

06 이 근처에 있는 식당으로 가시죠.

この近くにある店に行きましょう。

코노 치카쿠니 아루 미세니 이키마쇼-

07 이 근처에 맛있는 레스토랑은 없습니까?

この近くに美味しいレストランがありますか。

코노 치카쿠니 오이시- 레스토랑가 아리마스까?

---

08 한국 음식을 드셔본 적이 있으세요?

韓国料理を食べたことがありますか。

캉코쿠 료-리오 타베타 코토가 아리마스까?

---

09 일본 음식을 먹고 싶습니다.

日本料理が食べたいです。

니홍 료-리가 타베타이데스

---

10 한국 식당으로 갑시다.

韓国料理の店に行きましょう。

캉코쿠 료-리노 미세니 이키마쇼-

---

11 시부야에 있는 그 한국 불고기집은 어때요?

渋谷にあるあの韓国の焼肉の店はどうですか。

시부야니 아루 아노 캉코쿠노 야키니쿠노 미세와 도-데스까?

---

12 여기서 점심 먹기에 괜찮을 것 같아.

ここで昼御飯を食べるのがよさそうだ。

코코데 히루고항오 타베루노가 요사소-다

식당 예약에 관한 표현

가장 많이 쓰이는 회화

오늘 저녁에 식사 예약을 하고 싶습니다.

今日の夕食を予約したいのですが。

성함이 어떻게 되시죠?

お名前はどちら様ですか。

손님은 몇 분입니까?

何名様ですか。

오후 7시에 4명이 갑니다.

午後7時に4人、行きます。。

302

01 두 사람 식사예약을 하고 싶습니다.

二人の予約をお願いしたいのですが。

후타리노 요야쿠오 오네가이 시타이노데스가

---

02 오늘 저녁에 식사 예약을 하고 싶습니다.

今日の夕食を予約したいのですが。

쿄-노 유-쇼쿠오 요야쿠 시타이노데스가

---

03 성함이 어떻게 되시죠?

お名前はどちら様ですか。

오나마에와 도치라 사마데스까?

---

04 손님은 몇 분입니까?

何名様ですか。

남메이 사마데스까?

---

05 오후 7시에 4명이 갑니다.

午後7時に4人、行きます。

고고 시치지니 요닝 이키마스

---

06 예약 되셨습니다. 이따 뵙겠습니다.

御予約、致しました、後程、お目にかかります。

고요야쿠 이타시마시타 노치호도 오메니 카카리마스

07 오늘밤 예약을 취소하고 싶습니다.

今晩の予約をキャンセルしたいのですが。

콤반노 요야쿠오 캰세루 시타이노데스가

---

08 오늘 저녁에 그쪽 식당에 못 갈 것 같습니다.

今日の夕方、そちらに行けそうもありません。

쿄-노 유-가타 소치라니 이케소-모 아리마센

---

09 식당에 제 시간에 못 갈 것 같습니다.

予約時間に行けそうもありませんが。

요야쿠 지칸니 이케소-모 아리마센가

---

10 미안합니다. 예약을 취소해 주세요.

すみません、予約のキャンセルお願いします。

스미마센 요야쿠노 캰세루 오네가이시마스

---

11 손님의 예약을 취소하겠습니다.

お客様の御予約をキャンセル致します。

오캬쿠사마노 고요야쿠오 캰세루 이타시마스

---

12 두 명의 예약을 세 명으로 해주세요.

二人の予約を三人にしてください。

후타리노 요야쿠오 상닌니 시테쿠다사이

01 도와 드릴까요?

どんな御用ですか。

돈나 고요-데스까?

02 예약해 둔 나카무라인데요.

予約しておいた中村ですが。

요야쿠시테 오이타 나카무라데스가

03 예약은 안 했는데요, 세 사람 앉을 자리가 있을까요?

予約はしてないですが、三人の席がありますか。

요야쿠와 시테나이데스가, 상닌노 세키가 아리마스까?

04 아, 예. 이쪽으로 오십시오.

あっ、はい。こちらへどうぞ。

앗, 하이 코치라에 도-조

05 몇 분이십니까?

何名様ですか。

남메이 사마데스까?

06 두 사람 죄석을 주십시오.

二人の席をお願いします。

후타리노 세키오 오네가이시마스

현지에서 찐으로 사용하는 회화는 따로 있다

음식 주문에 관한 표현

가장 많이 쓰이는 회화

주문 하시겠어요?

ご ちゅう もん
御注文なさいますか。

메뉴를 보여 주시겠어요?

み
メニューを見せてくれますか。

필요한 것이 더 있으신가요?

ご ひつ よう
御必要なものはおありですか。

아니요. 됐습니다. 맛있었습니다.

けっこう   お い
いいえ、もう結構です。美味しかったです。

306

01 메뉴를 보여 주시겠어요?

メニューを見せてくれますか。

메뉴-오 미세테 쿠레마스까?

02 오늘은 어떤 요리가 맛있습니까?

今日はどんな料理が美味しいですか。

쿄-와 돈나 료-리가 오이시-데스까?

03 세트 메뉴는 있습니까?

セットメニューはありますか。

셋토메뉴-와 아리마스까?

04 주방장이 권하는 오늘의 요리는 있습니까?

シェフがお勧めの今日の料理はありますか。

쉐후가 오스스메노 쿄-노 료-리와 아리마스까?

05 생각 좀 해보겠습니다.

ちょっと考えてみてからします。

춋토 캉가에테 미테카라 시마스

06 주문해도 될까요?

注文してもいいですか。

츄-몬시테모 이-데스까?

07 무엇으로 하시겠습니까?

何になさいますか。
なに

나니니 나사이마스까?

---

08 먼저 마실 것을 주문하고 싶은데요.

先に飲み物を注文したいのですが。
さき　　の　　もの　　ちゅうもん

사키니 노미모노오 츄-몬 시타이노데스가

---

09 오늘 특별 요리로 할게요.

今日の特別料理にします。
きょう　とく　べつりょう　り

쿄-노 토쿠베츠 료-리니 시마스

---

10 이건 어떤 요리입니까?

これはどんな料理ですか。
りょう　り

코레와 돈나 료-리데스까?

---

11 어떤 식으로 요리가 됩니까?

どういう風に料理されるのですか。
ふう　りょう　り

도-유-후-니 료-리 사레루노데스까?

---

12 이 수프 국물은 어떤맛 입니까?

このスープのだしは何ですか。
なん

코노 스-푸노 다시와 난데스까?

13 맛있어 보이네요.

美味しそうですね。

오이시 소-데스네

14 이걸 주세요.

これをください。

코레오 쿠다사이

15 저도 같은 걸로 부탁해요.

私も同じのをお願いします。

와타시모 오나지노오 오네가이시마스

16 물 한 잔 주세요.

水を一杯ください。

미즈오 잇파이 쿠다사이

17 스테이크 셋, 디너 샐러드 셋 부탁해요.

ステーキを三つ、ディナーサラダを三つお願いします。

스테-키오 밋츠, 디나-사라다오 밋츠 오네가이시마스

18 스테이크는 어떤 식으로 구울까요?

ステーキはどういう風に焼きますか。

스테-키와 도-유-후-니 야키마스까?

19 소금은 쓰지 말고 요리해 주었으면 해요.

塩(しお)は使(つか)わないで料理(りょうり)していただきたいです。

시오와 츠카와나이데 료-리시테 이타다키 타이데스

20 비프와 치킨 중에 어느 것을 하시겠습니까?

ビーフとチキンのどちらになさいますか。

비-후토 치킨노 도치라니 나사이 마스까?

21 샐러드 드레싱은 무엇이 좋으시겠습니까?

サラダドレッシングは何(なに)がよろしいでしょうか。

사라다 도렛싱구와 나니가 요로시-데쇼-까?

22 빵과 라이스 중에 어느 것으로 하시겠습니까?

パンとライスのどちらになさいますか。

팡토 라이스노 도치라니 나사이마스까?

23 디저트로 아이스크림을 부탁해요.

デザートにアイスクリームをお願(ねが)いします。

데자-토니 아이스쿠리-무오 오네가이시마스

24 나중에 또 주문할게요.

後(あと)でまた注文(ちゅうもん)します。

아토데 마타 츄-몬시마스

01 주문하시겠어요?

御注文なさいますか。

교츄-몬 나사이마스까?

02 네, 햄버거하고 프렌치프라이를 하겠어요.

はい、ハンバーガーとフレンチフライにします。

하이, 함바-가-토 후렌치 후라이니 시마스

03 여기서 드실 건가요? 가지고 가실 건가요?

こちらで、お召し上がりですか、お持ち帰りですか。

코치라데 오메시 아가리데스까? 오모치 카에리데스까?

04 여기서 먹을 겁니다.

ここで食べます。

코코데 타베마스

05 치즈버거 두 개 싸 주세요.

チーズバーカー二つ、持ち帰りです。

치-즈 바-가 후타츠 모치카에리데스

06 다른 것은요?

他に何かなさいますか。

호카니 나니카 나사이마스까?

311

01 필요한 것이 더 있으신가요?

御必要なものはおありですか。

고히츠요-나 모노와 오아리데스까?

---

02 앞접시를 하나 더 주세요.

受け皿をもう一つ下さい。

우케자라오 모- 히토츠 쿠다사이

---

03 치즈 좀 더 주시겠어요?

もう少しチーズをいただけますか。

모- 스코시 치-즈오 이타다케 마스까?

---

04 디저트를 좀 주시겠어요?

デザートを下さい。

데자-토오 쿠다사이

---

05 커피 한 잔 더 부탁드립니다.

コーヒーをもう一杯お願いします。

코-히-오 모- 잇파이 오네가이시마스

---

06 아니요. 됐습니다. 맛있었습니다.

いいえ、もう結構です。美味しかったです。

이-에, 모- 켓코-데스. 오이시 캇타데스

07 이건 주문한 것과 다른데요.

これは注文したのと違いますよ。

코레와 츄-몬시타노토 치가이마스요

---

08 이건 잘 익지 않은 것 같은데요.

これはよく火が通ってないようですが。

코레와 요쿠히가 토옷테 나이요-데스가

---

09 소스가 너무 들어갔어요.

ソースがかかりすぎですね。

소-스가 카카리 스기데스네

---

10 머리카락이 들어 있어요.

髪の毛が入っていますよ。

카미노케가 하잇테 이마스요

---

11 접시가 깨져있어요.

皿が割れていますよ。

사라가 와레테 이마스요

---

12 이거 식었어요. 바꿔 주세요.

これ、冷めていますよ。替えてください。

코레, 사메테 이마스요. 카에테 쿠다사이

01 계산할게요.

会計しますよ。

카이케이 시마스요

02 전부 얼마입니까?

全部でいくらですか。

젬부데 이쿠라데스까?

03 봉사료가 포함되었습니까?

サービス料込みですか。

사-비스료- 코미데스까?

04 계산이 틀린 것 같습니다.

計算が間違ってるようです。

케-상가 마치갓테루 요-데스

05 추가요금은 납득이 가지 않습니다.

追加料金は納得がいきません。

츠이카 료-킹와 낫토쿠가 이키마센

06 각자가 자신의 몫을 내는 것은 어떨까요?

各自が自分の分を払うのはどうですか。

카쿠지가 지분노 붕오 하라우노와 도-데스까?

07 모두 똑같이 나누는 것은 어떨까?

みんなで同じく割るのはどうだろう。

민나데 오나지쿠 와루노와 도- 다로-?

08 이건 제가 내겠습니다.

これは私のおごりです。

코레와 와타시노 오고리데스

09 제가 내겠습니다. 이번에는 제가 낼 차례이니까요.

私が払います。今回は私の番ですから。

와타시가 하라이마스. 콩카이와 와타시노 반데스카라

10 카드로 결제하겠습니다.

カードでします。

카도데시마스

11 거스름돈은 됐습니다.

お釣りは結構です。

오츠리와 켁코-데스

12 잘먹었습니다. 다음에 또 방문하겠습니다.

ごちそうさまでした。また次に来ます。

고치소-사마데시타. 마타 츠기니 키마스

가장 많이 쓰이는 회화

마음껏 드세요.

思い存分食べてください。

잘 먹겠습니다.

いただきます。

맛있습니까?

美味しいですか。

이 요리 맛있네요.

この料理、うまいね。

01 **자 어서, 마음껏 드세요.**

さあどうぞ、思い存分食べてください。

사- 도-조, 오모이존분 타베테 쿠다사이

---

02 **좋아하시는 것이 있으면 무엇이든 마음껏 드십시오.**

お好きな物があれば何でも自由にお食べください。

오스키나 모노가 아레바 난데모 지유-니 오타베 쿠다사이

---

03 **매우 맛있어 보이죠?**

とても美味しそうでしょう。

토테모 오이시소-데쇼-?

---

04 **따뜻할 때 드십시오.**

温かいうちに召し上がってください。

아타타카이 우치니 메시아갓테 쿠다사이

---

05 **맛 좀 보세요.**

ちょっと味見してみて。

춋토 아지미 시테미테

---

06 **잘 먹겠습니다.**

いただきます。

이타다키마스

01 맛있습니까?

美味しいですか。

오이시-데스까?

02 이 요리 맛있네요.

この料理、うまいね。

코노 료-리, 우마이네

03 수프 맛은 어떠십니까?

スープの味はいかがですか。

수-푸노 아지와 이카가데스까?

04 나는 너무 달아요.

私にはちょっと甘いです。

와타시니와 춋토 아마이데스

05 제 입에는 맞지 않습니다.

私の口には合いません。

와타시노 쿠치니와 아이마센

06 단 것을 좋아하시는군요.

甘いものがお好きですね。

아마이 모노가 오스키데스네

07 어떤 음식을 좋아하십니까?

どんな食べ物がお好ですか。

돈나 타베모노가 오스키데스까?

---

08 무엇이든 먹습니다. 음식은 까다롭지 않습니다.

何でも食べます。食べ物にはうるさくありません。

난데모 타베마스. 타베모노니와 우루사쿠 아리마센

---

09 그녀는 음식이 매우 까다롭습니다.

彼女は食べ物にはとてもうるさいです。

카노죠와 타베모노니와 토테모 우루사이데스

---

10 기무라는 불고기를 보면 정신이 없어요.

木村は焼き肉には目がないんですよ。

키무라와 야키니쿠니와 메가 나인데스요

---

11 일본요리 중에서 어느 것을 좋아하십니까?

日本料理の中で何がお好きですか。

니홍 료-리노 나카데 나니가 오스키데스까?

---

12 초밥을 먹은 적이 있습니까?

寿司を食べたことがありますか。

스시오 타베타 코토가 아리마스까?

13 싱거워요.

味が薄いです。
<ruby>味<rt>あじ</rt></ruby>が<ruby>薄<rt>うす</rt></ruby>いです。

아지가 우스이데스

---

14 짜요.

しょっぱいです。

숏파이데스

---

15 매워요.

辛いです。
<ruby>辛<rt>から</rt></ruby>いです。

카라이데스

---

16 신선해요.

新鮮です。
<ruby>新<rt>しん</rt></ruby><ruby>鮮<rt>せん</rt></ruby>です。

신센데스

---

17 기름기가 많아요.

とても油っぽいです。
とても<ruby>油<rt>あぶら</rt></ruby>っぽいです。

토데모 아부랏포이데스

---

18 맛이 별로 없어요.

美味しくないです。
<ruby>美<rt>お</rt></ruby><ruby>味<rt>い</rt></ruby>しくないです。

오이시 쿠나이데스

01 잘 먹었습니다.

ごちそうさまでした。

고치소- 사마데시타

---

02 많이 먹었습니다.

沢山いただきました。

타쿠상 이타다키마시타

---

03 배가 부릅니다. 더 이상 한 입도 먹지 못하겠습니다.

お腹がいっぱいです。これ以上一口も食べられません。

오나카가 입파이데스. 코레 이죠- 히토쿠치모 타베라레마센

---

04 모두 정말로 맛있게 먹었습니다.

みんな本当に美味しくいただきました。

민나 혼토-니 오이시쿠 이타다키마시타

---

05 멋진 저녁이었습니다.

すばらしい夕食でした。

스바라시- 유-쇼쿠 데시타

---

06 지금까지 먹은 것 중에 최고로 맛있었습니다.

今まで食べたうちで最高に美味しかったです。

이마마데 타베타 우치데 사이코-니 오이시캇타데스

01 아침은 매일 꼭 먹습니까?

朝食は毎日きちんと食べますか。

쵸-쇼쿠와 마이니치 키친토 타베마스까?

02 아침에는 대개 빵을 먹습니다.

朝はたいていパンを食べます。

아사와 타이테이 팡오 타베마스

03 늦게 일어나면 아침은 거르고 맙니다.

遅く起きると朝は抜いてしまいます。

오소쿠 오키루토 아사와 누이테 시마이마스

04 저는 밥과 된장국과 야채를 조금 먹습니다.

私は御飯と味噌汁と野菜を少し食べます。

와타시와 고항토 미소시루토 야사이오 스고시 타베마스

05 점심은 어디서 먹습니까?

昼はどこで食べますか。

히루와 도코데 타베마스까?

06 잠깐 쉬고, 점심을 시킵시다.

ちょっと休んで、昼食を注文しましょう。

춋토 야슨데, 츄-쇼쿠오 츄-몬 시마쇼-

322

07 거기 카레라이스는 질렸어요.

あそこのカレーライスには飽きましたよ。

아소코노 카레-라이스니와 아키마시타요

08 점심에 초밥은 어떠세요?

昼にお寿司はいかがですか。

히루니 오스시와 이카가데스까?

09 배가 무척 고프지만 점심을 먹을 시간이 없습니다.

腹ぺこだけど昼御飯を食べる時間がありません。

하라페코다케도 히루고항오 타베루 지캉가 아리마센

10 오늘 밤 식사는 어디서 할까요?

今夜の食事はどこでしましょうか。

콩야노 쇼쿠지와 도코데 시마쇼-까?

11 밖에서 식사는 자주 합니까?

外で食事はよくしますか。

소토데 쇼쿠지와 요쿠 시마스까?

12 항상 혼자서 해 먹습니다.

いつも一人で作って食べます。

이츠모 히토리데 츠쿳테 타베마스

가장 많이 쓰이는 회화

술을 얼마나 마십니까?

酒_{さけ}をどのくらい飲_のみますか。

저는 술을 못하는 편입니다.

私_{わたし}はお酒_{さけ}はできない方_{ほう}です。

건배!

乾杯_{かんぱい}!

건강을 위해 건배!

ご健康_{けんこう}を祈_{いの}って乾杯_{かんぱい}。

01 어디 들어가서 한 잔 하는 건 어때?

どこかに入って一杯やるのはどう。

도코카니 하잇테 입파이 야루노와 도-?

---

02 오늘밤 한 잔 하러 가지 않을래요?

今晩、一杯しに行きませんか。

콤방, 잇파이 시니 이키마셍까?

---

03 맥주를 마시러 가는 건 어때요?

ビールを飲みに行くのはどう。

비-루오 노미니 이쿠노와 도-?

---

04 귀갓길에 선술집에 들러 잠깐 한잔하자.

帰りに居酒屋へ寄ってちょっと一杯やろう。

카에리니 이자카야에 욧테 춋토 잇파이 야로-

---

05 미안, 오늘은 마실 기분이 나질 않아.

ごめん、今日は飲む気がしない。

고멘, 쿄-와 노무키가 시나이

---

06 가고 싶지만 그만두는게 좋을 것 같습니다.

行きたいけど、止したほうが良さそうです。

이키타이케도, 요시타 호-가 요사소-데스

01 맥주 한 잔 받아요.

ビール一杯どうぞ。

비-루 잇파이 도-조

02 건배!

乾杯!

캄파이!

03 좀 마셔요.

ちょっと飲んで。

춋토 논데

04 취해서 모든 것을 잊고 싶어요.

酔っぱらって何もかも忘れてしまいたい。

욧파랏테 나니모카모 와스레테 시마이타이

05 자기 전에 술을 마시면 더욱 잘 잡니다.

寝酒を飲むともっとよく眠れます。

네자케오 노무토못토 요쿠 네무레마스

06 단숨에 들이키세요. 건배!

一気に飲み干してください。乾杯!

익키니 노미호시테 쿠다사이. 캄파이!

07 건강을 위해 건배!

ご健康を祈って乾杯。

고켕코-오 이놋테 캄파이!

---

08 운동 후의 차가운 맥주보다 좋은게 없군요.

運動後の冷たいビールに勝るものはありませんね。

운도-고노 츠메타이 비-루니 마사루 모노와 아리마센네

---

09 술을 얼마나 마십니까?

酒をどのくらい飲みますか。

사케오 도노쿠라이 노미마스까?

---

10 저는 술을 못하는 편입니다.

私はお酒はできない方です。

와타시와 오사케와 데키나이 호-데스

---

11 숙취는 없습니까?

二日酔いはしませんか。

후츠카요이와 시마셍까?

---

12 좀 더 마시겠어요?

もう少しいかがですか。

모- 스코시 이카가데스까?

01 여기서 담배를 피워도 될까요?

ここでタバコを吸^すってもいいですか。

코코데 타바코오 숫테모 이-데쇼-까?

02 여기서는 담배를 피우지 말았으면 좋겠어.

ここではタバコを吸わなければいいのですが。

코코데와 타바코오 스와나케레바 이-노데스가

03 여기는 금연입니다.

ここは禁煙です。

코코와 킹엔데스

04 담배 한 대 피우시겠어요?

タバコ一本いかがですか。

타바코 잇퐁 이카가데스까?

05 불 좀 빌려 주시겠어요?

火を貸していただけますか。

히오 카시테 이타다케마스까?

06 재떨이 좀 주세요.

灰皿をちょっとください。

하이자라오 춋토 쿠다사이

01 당신은 지나치게 술을 마셔요.

あなたは酒の飲みすぎですよ。

아나타와 사케노 노미스기데스요

---

02 술을 끊으려고 합니다.

酒をやめようと思っています。

사케오 야메요-토 오못테 이마스

---

03 이제부터 절대로 술을 마시지 않겠습니다.

これから絶対に酒を飲みません。

코레카라 젯타이니 사케오 노미마센

---

04 하루에 어느 정도 피웁니까?

一日にどのくらい吸いますか。

이치니치니 도노쿠라이 스이마스까?

---

05 2년 전에 금연했습니다.

2年前に禁煙しました。

니넨 마에니 킹엔 시마시타

---

06 줄이려고 하고 있는데, 안 됩니다.

減らそうとしているんですが、だめなんです。

헤라소-토 시테이룬데스가, 다메난데스

329

현지에서 찐으로 통하는 회화는 따로 있다

병원표현

PART 10

현지에서 찐으로 통하는 회화는 따로 있다

건강에 관한 표현

가장 많이 쓰이는 회화

어디 편찮으세요?

どこか具合<ruby>具<rt>ぐ</rt></ruby><ruby>合<rt>あ</rt></ruby>いでも<ruby>悪<rt>わる</rt></ruby>いんですか。

괜찮습니다. 걱정하지 마세요.

<ruby>大丈夫<rt>だいじょうぶ</rt></ruby>です。ご<ruby>心配<rt>しんぱい</rt></ruby>なく。

늘 운동합니까?

いつも<ruby>運動<rt>うんどう</rt></ruby>していますか。

매일 조금씩이라도 운동하려고 마음을 먹고 있습니다.

<ruby>毎日<rt>まいにち</rt></ruby><ruby>少<rt>すこ</rt></ruby>しでも<ruby>運動<rt>うんどう</rt></ruby>するよう<ruby>心掛<rt>こころが</rt></ruby>けています。

01 오늘 아침 기분은 어떻습니까?

今朝の気分はどうですか。

케사노 키붕와 도-데스까?

---

02 기운이 없어 보이네요.

元気がなさそうですね。

겡키가 나사소-데스네

---

03 어디 편찮으세요?

どこか具合いでも悪いんですか。

도코카 구아이데모 와루인데스까?

---

04 좀 안색이 안 좋은 것 같군요.

ちょっと顔色がよくないようですね。

촛토 카오이로가 요쿠나이 요-데스네

---

05 어떻게 된 겁니까?

どうしたんですか。

도- 시탄데스까?

---

06 몸이 몹시 안 좋습니다. 차멀미인 것 같습니다.

とても気分が悪いんです。車酔いのようです。

토테모 키붕가 와루인데스. 쿠루마요이노 요-데스

333

07 얼굴이 빨개요.

顔が赤いですよ。

카오가 아카이데스요

08 열을 재보는 건 어때요?

熱を計ってみたらどう。

네츠오 하캇테 미타라 도-?

09 의사에게 진찰을 받도록 할까요?

お医者さんに診てもらうようにしましょうか。

오이샤상니 미테 모라우요-니 시마쇼-까?

10 오늘은 조금 좋아졌습니까?

今日は少し良くなりましたか。

쿄-와 스코시 요쿠 나리마시타까?

11 괜찮습니다. 걱정하지 마세요.

大丈夫です。ご心配なく。

다이죠-부데스. 고심파이나쿠

12 완전히 회복되었습니다.

すっかり回復しました。

숙카리 카이후쿠 시마시타

13 의사에게 진찰을 받는 게 좋을 것 같습니다.

お医者さんに診てもらった方がいいと思います。

오이샤상니 미테모랏타 호-가 이-토 오모이마스

---

14 늘 운동합니까?

いつも運動していますか。

이츠모 운도-시테 이마스까?

---

15 이제 서로 건강에 신경을 써야 될 나이니까요.

もうお互い健康に気をつけなくてはならない年ですからね。

모- 오타가이 켕코-니 키오 츠케나쿠테와 나라나이 도시데스카라네

---

16 매일 조금씩이라도 운동하려고 마음을 먹고 있습니다.

毎日少しでも運動するよう心掛けています。

마이니치 스코시데모 운도-스루요- 코코로 가케테이마스

---

17 일찍 자고 일찍 일어나는 것이 건강의 비결입니다.

早寝早起きは健康の秘訣です。

하야네 하야오키와 켕코-노 히케츠데스

---

18 운동은 건강과 장수의 열쇠입니다.

運動は健康と長生きの鍵です。

운도-와 켕코-토 나가이키노 카기데스

현지에서 찐으로 통하는 회화는 따로 있다

병원에 관한 표현

가장 많이 쓰이는 회화

접수는 어디에서 합니까?

受付<ruby>うけつけ</ruby>はどこでしますか。

오늘이 처음입니까?

今日<ruby>きょう</ruby>が初<ruby>はじ</ruby>めてですか。

진찰실은 어디입니까?

診察室<ruby>しんさつしつ</ruby>はどこですか。

이 병원은 몇 시부터 몇 시까지입니까?

この病院<ruby>びょういん</ruby>は何時<ruby>なんじ</ruby>から何時<ruby>なんじ</ruby>までですか。

01 접수는 어디에서 합니까?

受付はどこでしますか。

우케츠케와 도코데 시마스까?

---

02 오늘이 처음입니까?

今日が初めてですか。

쿄-가 하지메테 데스까?

---

03 아까 전화로 예약한 이마무라인데요.

さっき電話で予約した今村ですが。

삿키 뎅와데 요야쿠시타 이마무라 데스가

---

04 접수용지는 어디에 있습니까?

受付用紙はどこにありますか。

우케츠케 요-시와 도코니 아리마스까?

---

05 의료보험증입니다.

健康保険証です。

켕코- 호켄쇼-데스

---

06 보험증은 여기에 제출합니까?

保険証はここに出すのですか。

호켄쇼-와 코코니 다스노데스까?

337

07 일본의 보험에 들었는데, 이 용지에 기입해 주세요.

日本の保険に入ってるので、この用紙に記入して下さい。

니혼노 호켄니 하잇테루노데, 코노 요-시니 키뉴- 시테쿠다사이

---

08 이 병원은 몇 시부터 몇 시까지입니까?

この病院は何時から何時までですか。

코노 뵤-잉와 난지카라 난지마데데스까?

---

09 이비인후과 선생님에게 진찰을 받고 싶은데요.

耳鼻咽喉科の先生に診ていただきたいのですが。

지비잉코-카노 센세-니 미테 이타다키 타이노데스가

---

10 병력을 기입할 필요가 있습니까?

病歴を記入する必要がありますか。

뵤-레키오 키뉴-스루 히츠요-가 아리마스까?

---

11 3년 전에 맹장 수술을 받았습니다.

3年前に盲腸の手術を受けました。

산넹 마에니 모-쵸-노 슈쥬츠오 우케마시타

---

12 10시에 진찰 예약이 되어 있습니다.

10時に診察の予約がしてあります。

쥬-지니 신사츠노 요야쿠가 시테 아리마스

13 외래 입구는 어디입니까?

外来の入口はどこですか。
がい らい いり ぐち

가이라이노 이리구치와 도코데스까?

---

14 기무라 선생님은 진찰중이십니까?

木村先生は診察中ですか。
き むら せんせい しん さつ ちゅう

키무라 센세-와 신사츠츄-데스까?

---

15 안과는 어디에 있습니까?

眼科はどこにありますか。
がん か

강카와 도코니 아리마스까?

---

16 정신과는 있습니까?

神経科はありますか。
しん けい か

싱케-카와 아리마스까?

---

17 진찰실은 어디입니까?

診察室はどこですか。
しん さつ しつ

신사츠시츠와 도코데스까?

---

18 왕진해 주실 수 있습니까?

往診していただけますか。
おう しん

오-신 시테 이타다케 마스까?

01 어디가 아프세요?

どこが痛いですか。

도코가 이타이데스까?

---

02 가슴이 아픕니다.

胸が痛いんです。

무네가 이타인데스

---

03 무릎이 좀 아픕니다.

膝がちょっと痛いです。

히자가 촛토 이타이데스

---

04 여기가 아픕니다.

ここが痛いです。

코코가 이타이데스

---

05 다친 곳이 아직 아픕니다.

打った所がまだ痛いです。

웃타 토코로가 마다 이타이데스

---

06 누르면 가끔 아픕니다.

押すと時々痛いです。

오스토 토키도키 이타이데스

07 오른쪽 어깨가 아픕니다.

右肩が痛いです。

미기카타가 이타이데스

---

08 3일 전부터 아팠습니다.

三日前から痛くなりました。

믹카 마에카라 이타쿠 나리마시타

---

09 저는 어디가 안 좋은가요?

私はどこが悪いのですか。

와타시와 도코가 와루이노 데스까?

---

10 소변검사를 받아야 합니까?

尿の検査を受けないといけませんか。

뇨-노 켕사오 우케나이토 이케마셍까?

---

11 처방전을 써 드릴 테니, 약국에서 조제 해 받으세요.

処方箋を書きますから、薬局で調剤してもらってください。

쇼호-셍오 카키마스카라, 약쿄쿠데 쵸-자이 시테모랏테 쿠다사이

---

12 다음에는 언제 오면 될까요?

今度はいつ来たらいいですか。

콘도와 이츠키타라 이-데스까?

현지에서 찐으로 통하는 회화는 따로 있다

병에 관한 표현

가장 많이 쓰이는 회화

어디가 아프세요?

どこが痛いですか。

심한 감기에 걸렸습니다.

ひどい風邪にかかりました。

머리가 깨질듯이 아픕니다.

頭が割れるように痛みます。

기침이 멈추지 않습니다.

咳が止まりません。

01 **어디가 아프세요?**

どこが痛いですか。

도코가 이타이데스까?

02 **오한이 듭니다.**

寒気がします。

사무케가 시마스

03 **몸이 떨립니다.**

体がふらふらします。

카라다가 후라후라시마스

04 **심한 감기에 걸렸습니다.**

ひどい風邪にかかりました。

히도이 카제니 카카리마시타

05 **감기 기운이 있는데, 큰일은 아닙니다.**

風邪気味ですが、大したことはありません。

카제기미데스가, 타이시타코토와 아리마센

06 **요즘 감기가 무척 유행하고 있는 것 같습니다.**

この頃風邪が随分流行っているようです。

코노고로 카제가 즈이붕 하얏테 이루요-데스

07 독감인 것 같군요.

インフルエンザのようですね。

잉후루엔자노 요-데스네

08 조금 열이 있습니다.

少し熱があります。

스코시 네츠가 아리마스

09 머리가 깨질듯이 아픕니다.

頭が割れるように痛みます。

아타마가 와레루요-니 이타미마스

10 온몸이 아픕니다.

体中が痛いです。

카라다쥬-가 이타이데스

11 배에 가스가 찼습니다.

お腹にガスがたまります。

오나카니 가스가 타마리마스

12 기침이 멈추지 않습니다.

咳が止まりません。

세키가 토마리마센

13 목이 아픕니다.

喉が痛いです。

노도가 이타이데스

14 약을 먹고 있는데, 별로 듣지 않는 것 같습니다.

薬を飲んでいますが、あまり効かないようです。

쿠스리오 논데이마스가, 아마리 키카나이 요-데스

15 목이 금방 쉽니다.

声がすぐかすれます。

코에가 스구 카스레마스

16 가슴이 막히는 느낌이 있습니다.

胸につかえる感じがあります。

무네니 츠카에루 칸지가 아리마스

17 배가 아픕니다.

お腹が痛いです。

오나카가 이타이데스

18 배탈이 났습니다.

お腹をこわしました。

오나카오 코와시마시타

01 허리가 삐끗해 아픕니다.

ギックリ腰で痛いです。

긱쿠리고시데 이타이데스

---

02 허리를 삐었습니다.

腰を抜かしました。

코시오 누카시마시타

---

03 요즘 항상 일어날 때마다 어깨가 아픕니다.

このごろ、いつも起きがけに肩が痛みます。

코노고로, 이츠모 오키가케니 카타가 이타미마스

---

04 목이 뻣뻣해서 움직일 수 없습니다.

首が堅くなって動かせません。

쿠비가 카타쿠낫테 우고카세마센

---

05 왼팔이 빠진 것 같습니다.

左腕が脱臼したようです。

히다리우데가 닥큐-시타 요-데스

---

06 팔이 부러졌습니다.

腕が折れました。

우데가 오레마시타

07 발목을 삐었습니다.

<ruby>足首<rt>あしくび</rt></ruby>をくじきました。

아시쿠비오 쿠지키마시타

---

08 스쳐서 까진 곳이 얼얼합니다.

<ruby>擦<rt>す</rt></ruby>りむいたところがひりひりします。

스리무이타 토코로가 히리히리 시마스

---

09 가시가 깊이 찔려 빠지지 않습니다.

<ruby>棘<rt>とげ</rt></ruby>が<ruby>深<rt>ふか</rt></ruby>く<ruby>刺<rt>さ</rt></ruby>さって<ruby>取<rt>と</rt></ruby>れません。

토게가 후카쿠 사삿테 토레마센

---

10 손을 데었습니다.

<ruby>手<rt>て</rt></ruby>を<ruby>火傷<rt>やけど</rt></ruby>しました。

테오 야케도 시마시타

---

11 빌레에 물린 자국이 부었습니다.

<ruby>虫<rt>むし</rt></ruby>に<ruby>刺<rt>さ</rt></ruby>された<ruby>跡<rt>あと</rt></ruby>が<ruby>腫<rt>は</rt></ruby>れました。

무시니 사사레타 아토가 하레마시타

---

12 상처부위가 노랗게 곪았습니다.

<ruby>怪我<rt>けが</rt></ruby>をした<ruby>所<rt>ところ</rt></ruby>が<ruby>黄色<rt>きいろ</rt></ruby>く<ruby>化膿<rt>かのう</rt></ruby>しました。

케가오 시타 토코로가 키-로쿠 카노- 시마시타

01 오른쪽 귀가 쑤시고 아픕니다.

右耳がうずいて痛いです。

미기미미가 우즈이테 이타이데스

02 한쪽 귀가 윙윙 울립니다.

片方の耳がゴロゴロ鳴ります。

카타호-노 미미가 고로고로 나리마스

03 작은 벌레가 귀에 들어가서 빠지지 않습니다.

小さな虫が耳に入って取れません。

치-사나 무시가 미미니 하잇테 토레마센

04 요즘 약간 귀가 안들립니다.

この頃少し耳が遠くなりました。

코노고로 스코시 미미가 토-쿠 나리마시타

05 귀에서 고름이 나옵니다.

耳垂れが出ます。

미미다레가 데마스

06 귀가 울립니다.

耳鳴りがします。

미미나리가 시마스

07 코가 막혀 머리까지 아픕니다.

鼻が詰まって頭まで痛くなります。

하나가 츠맛테 아타마마데 이타쿠 나리마스

08 물 같은 콧물이 나옵니다.

水のような鼻水が出ます。

미즈노 요-나 하나미즈가 데마스

09 냄새를 맡기 곤란합니다.

臭いが嗅ぎにくいです。

니오이가 카기니 쿠이데스

10 목에 걸린 생선가시가 빠지지 않습니다.

喉につかえた魚の骨がとれません。

노도니 츠카에타 사카나노 호네가 토레마센

11 침을 삼키는 것도 괴롭습니다.

唾を飲み込むのも苦しいです。

츠바오 노미코무노모 쿠루시-데스

12 편도선이 많이 부었습니다.

扁桃腺がとても腫れています。

헨토-셍가 토테모 하레테이마스

01 안과는 어디에 있습니까?

眼科はどこにありますか。

강카와 도코니 아리마스까?

---

02 눈이 아프기도 하고 머리가 아프기도 합니다.

目が痛くなったり、頭痛がしたりします。

메가 이타쿠낫타리, 즈츠-가 시타리 시마스

---

03 눈이 아파서 눈물이 나옵니다.

目が痛くて涙が出てきます。

메가 이타쿠테 나미다가 데테키마스

---

04 눈이 부십니다.

目がちかちかします。

메가 치카치카 시마스

---

05 오른쪽 눈이 쑤십니다.

右目がずきずきします。

미기메가 즈키즈키 시마스

---

06 아파서 눈을 뜰 수 없습니다.

痛くて目が開けられません。

이타쿠테 메가 아케라레마센

350

07 눈이 가렵습니다.

目がかゆいです。

메가 카유이데스

08 눈이 충혈되어 있습니다.

目が充血しています。

메가 쥬-케츠시테 이마스

09 시야가 침침합니다.

視野がかすみます。

시야가 카스미마스

10 눈곱이 낍니다.

目脂がたまります。

메야니가 타마리마스

11 시력이 떨어진 것 같습니다.

視力が落ちたようです。

시료쿠가 오치타 요-데스

12 먼 곳이 흐려 보입니다.

遠くがぼやけて見えます。

토-쿠가 보야케테 미에마스

01 안 쪽 이가 몹시 아픕니다.

奥の歯がひどく痛いんです。

오쿠노 하가 히도쿠 이타인데스

02 차가운 물을 마실 때마다 몹시 아픕니다.

冷たい水を飲むたびにとても痛いです。

츠메타이 미즈오 노무 타비니 토테모 이타이데스

03 그 이는 단 것을 먹으면 아픕니다.

その歯は甘い物を食べると痛みます。

소노 하와 아마이 모노오 타베루토 이타미마스

04 잇몸은 가끔 약간의 통증이 있습니다.

歯肉に時々鈍い痛みがあります。

하니쿠니 토키도키 니부이 이타미가 아리마스

05 충치가 몇 개 있는 것 같습니다.

虫歯が何本かあるようです。

무시바가 남봉카 아루요-데스

06 충치 하나를 때워 주시겠습니까?

虫歯の一本を詰めてくださいますか。

무시바노 잇퐁오 츠메테 쿠다사이 마스가?

07 이가 하나 흔들거립니다.

歯が一本ぐらぐら動きます。

하가 잇퐁 구라구라 우고키마스

---

08 음식물이 잘 이에 끼입니다.

食べ物がよく歯に挟まります。

타베모노가 요쿠 하니 하사마리마스

---

09 이를 때운 것이 빠져버렸습니다.

歯に詰めた物がとれてしまいました。

하니 츠메타모노가 토레테 시마이마시타

---

10 의치가 잘 맞지 않는 것 같습니다.

入れ歯がうまく合わないようです。

이레바가 우마쿠 아와나이 요-데스

---

11 교정이 필요합니다만.

歯の矯正が必要ですが。

하노 쿄-세-가 히츠요- 데스가

---

12 앞으로 2, 3일 치료할 이가 있는 것 같은데요.

あと2、3日治療する歯があるようですが。

아토 니, 산니치 치료- 스루 하가 아루요- 데스가

01 월경불순입니다.

メンスが不順です。

멘스가 후쥰데스

---

02 임신한 게 아닐까요?

妊娠したのではないでしょうか。

닌싱 시타노데와 나이데 쇼-까?

---

03 축하합니다. 임신 6주입니다.

おめでとうございます、妊娠6週です。

오메데토- 고자이마스, 닌싱 로쿠슈-데스

---

04 유산될 가능성이 있으니 조심하세요.

流産のおそれがありますから、気をつけてください。

류-잔노 오소레가 아리마스카라, 키오츠케테 쿠다사이

---

05 입덧이 심합니다.

悪阻がひどいです。

츠와리가 히도이데스

---

06 인공수정을 하고 싶습니다.

人工受精がしたいです。

징코-쥬세이가 시타이데스

01 아이가 열이 많이 납니다.

子供が高熱を出しました。

코도모가 코-네츠오 다시마시타

02 열과 기침이 나와 숨을 쉬는 것이 괴로운 것 같습니다.

熱と咳が出て、息をするのが苦しそうです。

네츠토 세키가 데테, 이키오 스루노가 쿠루시 소-데스

03 아이가 경련을 일으켰습니다.

子供が引付けを起こしました。

코도모가 히키츠케오 오코시마시타

04 발진이 심합니다.

発疹がひどいです。

핫싱가 히도이데스

05 이 아이가 갑자기 의식을 잃어 버렸습니다.

この子が急に意識を失ってしまいました。

코노 코가 큐-니 이시키오 우시낫테 시마이마시타

06 아이의 귀에 염증이 생겼습니다.

子供の耳に炎症が出来ました。

코도모노 미미니 엔쇼-가 데키마시타

355

01 소변이 잘 나오지 않습니다.

尿がよく出ません。

뇨-가 요쿠 데마센

02 배뇨할 때에 요도가 무척 아픕니다.

排尿する時に、尿道がすごく痛みます。

하이뇨- 스루 토키니, 뇨-도-가 스고쿠 이타미마스

03 오줌이 전혀 나오지 않고 아랫배가 답답합니다.

尿が全然出なくて、下腹が苦しいです。

뇨-가 젠젠 데나쿠테, 시타하라가 쿠루시-데스

04 대변을 볼 때 피가 섞여 나옵니다.

便に血が混じって出ます。

벤니 치가 마짓테 데마스

05 변비가 심합니다.

便秘がひどいです。

벰피가 히도이데스

06 치질에 걸린 것 같습니다.

痔のようです。

지노 요-데스

01 무좀이 심합니다.

水虫がひどいです。

미즈무시가 히도이데스

02 엉덩이에 종기가 생겼습니다.

お尻におできができました。

오시리니 오데키가 데키마시타

03 손바닥에 수포가 생겼습니다.

手のひらに水疱ができました。

테노 히라니 스이호-가 데키마시타

04 손에 동상이 심합니다.

手の霜焼がひどいです。

테노 시모야케가 히도이데스

05 아이의 땀띠가 심합니다.

子供の汗疹がひどいです。

코도모노 아세모가 히도이데스

06 두드러기가 심합니다.

蕁麻疹がひどいです。

짐마싱가 히도이데스

01 얼굴이 붓습니다.

顔が浮腫んでいます。

카오가 무쿤데 이마스

02 손발이 저립니다.

手足がしびれます。

테아시가 시비레마스

03 손발이 마비되었습니다.

手足が麻痺しています。

테아시가 마히시테 이마스

04 쥐가 납니다.

痺れました。

시비레 마시타

05 신경쇠약입니다.

神経が衰弱しています。

싱케이가 스이쟈쿠 시테이마스

06 오한 경련이 있습니다.

悪寒の時、痙攣があります。

오칸노 토키 케이렝가 아리마스

01 불면증에 시달리고 있습니다.

不眠症で悩んでいます。

후민쇼-데 나얀데 이마스

02 마음이 울적합니다.

気持ちが塞ぎ込んでいます。

키모치가 후사기콘데 이마스

03 사소한 일에 집착합니다.

小さな事にこだわります。

치-사나 코토니 코다와리마스

04 쉽게 화를 냅니다.

怒りっぽくなりました。

오코릿포쿠 나리마시타

05 늘 불안합니다.

いつも不安です。

이츠모 후안데스

06 감정의 기복이 심합니다.

感情の起伏が激しいです。

칸죠-노 키후쿠가 하게시-데스

가장 많이 쓰이는 회화

이 처방전으로 조제해 주세요.

この処方箋で調剤してください。
しょ ほう せん　ちょうざい

진통제는 들어 있습니까?

鎮痛剤は入っていますか。
ちん つう ざい　はい

언제 먹으면 됩니까?

いつ飲んだらいいですか。
の

매 식후와 자기 전에 먹으세요.

毎食後と寝る前に飲んでください。
まいしょく ご　ね　まえ　の

01 여기에서 조제해 줍니까?

ここで調剤してもらえますか。

코코데 쵸-자이시테 모라에마스까?

---

02 이 처방전으로 조제해 주세요.

この処方箋で調剤してください。

코노 쇼호-센데 쵸-자이 시테 쿠다사이

---

03 진통제는 들어 있습니까?

鎮痛剤は入っていますか。

친츠-자이와 하잇테 이마스까?

---

04 감기약은 있습니까?

風邪薬はありますか。

카제구수리와 아리마스까?

---

05 변비에는 무엇이 좋을까요?

便秘には何がいいですか。

벰피니와 나니가 이-데스까?

---

06 이 약으로 통증이 가라앉을까요?

この薬で痛みがとれるでしょうか。

코노 쿠수리데 이타미가 토레루데쇼-까?

07 피로에는 무엇이 잘 듣습니까?

疲れには何がよく効きますか。

츠카레니와 나니가 요쿠 키키마스까?

08 안약이 필요한데요.

目薬がほしいのですが。

메구수리가 호시-노 데스가

09 바르는 약이 필요한데요.

塗り薬がほしいのですが。

누리구스리가 호시-노 데스가

10 거즈와 반창고를 주세요.

ガーゼと絆創膏をください。

가-제토 반소-코-오 쿠다사이

11 소형 구급상자를 주세요.

小型の救急箱をください。

코가타노 큐-큐-바코오 쿠다사이

12 처방 없이 수면제를 살 수 있을까요?

処方なしで睡眠薬が買えるでしょうか。

쇼호-나시데 스이밍야쿠가 카에루데쇼-까?

01 **언제 먹으면 됩니까?**

いつ飲んだらいいですか。

이츠 논다라 이-데스까?

---

02 **매 식후와 자기 전에 먹으세요.**

毎食後と寝る前に飲んでください。

마이쇼쿠고토 네루 마에니 논데 쿠다사이

---

03 **몇 번 정도 복용하는 겁니까?**

何回ぐらい服用するのですか。

낭카이 구라이 후쿠요-스루노 데스까?

---

04 **하루에 세 번 식후 30분에 먹으세요.**

一日3回、食後30分に飲んでください。

이치니치 상카이 쇼쿠고 산줏푼니 논데 쿠다사이

---

05 **바르는 약은 2시간 간격으로 바르세요.**

塗り薬は2時間おきに塗ってください。

누리구스리와 니지캉 오키니 눗테 쿠다사이

---

06 **부작용은 없습니까?**

副作用はありませんか。

후쿠사요-와 아리마셍까?

현지에서 찐으로 통하는 회화는 따로 있다

입원&퇴원에 관한 표현

가장 많이 쓰이는 회화

입원에는 어떤 수속이 필요합니까?

入院にはどんな手続きが必要ですか。

입원도 보험이 됩니까?

入院にも保険がききますか。

퇴원은 언제 됩니까?

退院はいつになりますか。

모레 퇴원할 수 있답니다.

あさって退院できるそうですよ。

01 어머니는 병이 재발해서 입원했습니다.

母は病気が再発して入院しました。

하하와 뵤-키가 사이하츠시테 뉴-잉시마시타

02 입원에는 어떤 수속이 필요합니까?

入院にはどんな手続きが必要ですか。

뉴-잉니와 돈나 테츠즈키가 히츠요- 데쇼-까?

03 입원도 보험이 됩니까?

入院にも保険がききますか。

뉴-잉니모 호켕가 키키마스까?

04 가능하면 개인실이 좋겠는데요.

できれば個室がいいのですが。

데키레바 코시츠가 이-노데스가

05 오늘은 몇 시에 선생님에게 진찰을 받을 수 있습니까?

今日は何時に先生に診ていただけますか。

쿄-와 난지니 센세-니 미테 이타다케마스까?

06 퇴원은 언제 됩니까?

退院はいつになりますか。

타이잉와 이츠니 나리마스까?

07 모레 퇴원할 수 있답니다.

あさって退院できるそうですよ。

아삿테 타이잉 데키루 소-데스요

---

08 입원환자 병동은 어디에 있나요?

入院患者病棟はどこですか。

뉴-잉 칸쟈 뵤-토-와 도코데스까?

---

09 외과병동 몇 호실입니까?

外科病棟の何号室ですか。

게카뵤-토-노 낭고-시츠 데스까?

---

10 이 병원의 면회시간을 알고 싶은데요.

この病院の面会時間が知りたいのですが。

코노 뵤-잉노 멩카이 지캉가 시리타이노 데스가

---

11 오늘은 몸이 어때요?

今日の体の具合はどうですか。

쿄-노 카라다노 구아이와 도-데스까?

---

12 건강이 좋아지셨다니 기쁩니다.

元気になって嬉しいです。

겡키니 낫테 우레시-데스

13 꼭 곧 건강해질 겁니다.

きっとすぐ元気になります。

킷토 스구 겡키니 나리마스

---

14 굳게 마음먹고 병과 싸워 이기세요.

しっかりして病気と闘ってください。

식카리시테 뵤-키토 타타캇테 쿠다사이

---

15 그럼, 이제 가겠습니다.

じゃ、もう行きます。

쟈, 모- 이키마스

---

16 이번달 말까지 또 오겠습니다.

今月末までにまた来ます。

콩게츠 마츠마데니 마타키마스

---

17 아무쪼록 몸조리 잘 하세요.

くれぐれもお大事に。

쿠레구레모 오다이지니

---

18 와 주셔서 감사합니다.

来て下さって、ありがとうございます。

키테 쿠다삿테, 아리가토- 고자이마스

현지에서 찐으로 통하는 회화는 따로 있다

서비스표현

PART **11**

현지에서 찐으로 통하는 회화는 따로 있다

전화에 관한 표현

가장 많이 쓰이는 회화

여보세요, 다나카 씨를 부탁합니다.

もしもし、田中さんをお願いします。

잠깐 자리를 비웠습니다.

ちょっと席を外しております。

메시지를 전해 드릴까요?

メッセージをお伝えしましょうか。

오시면 전화를 주셨으면 합니다.

来られたら電話くださいとのことでした。

01 **이 주변에 공중전화가 있습니까?**

この辺に公衆電話がありますか。

코노 헨니 코-슈-뎅와가 아리마스까?

---

02 **전화를 빌릴 수 있습니까?**

電話をお借りできますか。

뎅와오 오카리 데키마스까?

---

03 **여보세요, 다나카 씨를 부탁합니다.**

もしもし、田中さんをお願いします。

모시모시, 타나카상오 오네가이시마스

---

04 **여보세요, 기무라 씨이세요?**

もしもし、木村さんでしょうか。

모시모시, 키무라상 데쇼-까?

---

05 **다나카 선생님은 계십니까?**

田中先生はいらっしゃいますか。

타나카 센세-와 이랏샤이마스까?

---

06 **저는 오기노 요코라고 합니다.**

私は荻野洋子と申します。

와타시와 오기노 요-코토 모-시마스

07 경리부 기무라 씨와 통화를 하고 싶은데요.

経理部の木村さんと通話したいんですが。

케-리부노 키무라상토 츠-와 시타인데스가

---

08 영업부 사람과 통화를 하고 싶은데요.

営業部のどなたかと通話したいんですが。

에이교-부노 도나타카토 츠-와 시타인데스가

---

09 홍보부 요시다 씨는 계십니까?

広報部の吉田さんはいらっしゃいますか。

코-호-부노 요시다상와 이랏샤이마스까?

---

10 편집부로 연결해 주시겠어요?

編集部へ繋いでいただけませんか。

헨슈-부에 츠나이데 이타다케마셍까?

---

11 내선 10번을 부탁합니다.

内線の10番をお願いします。

나이센노 쥬-방오 오네가이시마스

---

12 끊어져 버렸는데, 다시 한 번 연결해 주세요.

切れてしまったので、もう一度繋いでください。

키레테 시맛타노데, 모- 이치도 츠나이데 쿠다사이

01 제가 전화를 받겠습니다.

私が電話に出ます。

와타시가 뎅와니 데마스

02 여보세요, 저는 기노시타입니다.

もしもし、私は木下です。

모시모시, 와타시와 키노시타데스

03 안녕, 기무라씨, 어디에서 전화하고 있니?

こんにちは、木村さん、どこから電話してるの。

콘니치와, 키무라상, 도코카라 뎅와시테루노?

04 누구십니까?

どなたですか。

도나타 데스까?

05 잠시 기다려 주십시오.

少々お待ちください。

쇼-쇼- 오마치 쿠다사이

06 잠깐 기다려요, 그녀를 불러올게요.

ちょっと待って、彼女を呼んできます。

춋토 맛테, 카노죠오 욘데 키마스

총무부입니다. 무슨 일이십니까?

総務部です。何でございましょうか。

소-무부데스. 난데 고자이마쇼-까?

---

08 누구신가요? 다시 한번 말씀해 주시겠습니까?

どちら様ですか。もう一度言っていただけますか。

도치라사마 데스까? 모- 이치도 잇테이타다케 마스까?

---

09 기무라 씨, 다나카 선생님한테 전화입니다.

木村さん、田中先生からお電話です。

키무라상, 타나카 센세-카라 오뎅와데스

---

10 곧 기무라 씨를 바꿔드리겠습니다.

ただいま木村さんと代わります。

타다이마 키무라상토 카와리마스

---

11 기다리게 해서 미안합니다. 기무라는 지금 회의중입니다.

お待たせしてすみません。木村は今会議中です。

오마타세시테 스미마센. 키무라와 이마 카이기츄-데스

---

12 미안합니다, 지금 다른 전화를 받고 있습니다.

すみません、今別の電話に出ております。

스미마센, 이마 베츠노 뎅와니 데테 오리마스

01 그녀는 지금 여기에 없습니다.

彼女は今ここにいません。

카노죠와 이마 코코니 이마센

02 잠깐 자리를 비웠습니다.

ちょっと席を外しております。

춋토 세키오 하즈시테 오리마스

03 언제 돌아오십니까?

いつお戻りになりますか。

이츠 오모도리니 나리마스까?

04 몇 시에 돌아오시는지 아십니까?

何時にお戻りになるか分かりますか。

난지니 오모도리니 나루카 와카리마스까?

05 금요일에는 돌아옵니다.

金曜日には戻ります。

킹요-비니와 모도리마스

06 무슨 연락할 방법은 없습니까?

何とか連絡する方法はありませんか。

난토카 렝라쿠스루 호-호-와 아리마센까?

07 그녀에게 연락할 수 있는 다른 번호는 없습니까?

彼女に連絡できる他の番号はありませんか。

카노죠니 렝라쿠데키루 호카노 방고-와 아리마센까?

---

08 기무라 씨 휴대폰 번호를 가르쳐 주시겠어요?

木村さんの携帯電話の番号を教えてもらえますか。

키무라상노 케-타이뎅와노 방고-오 오시에테 모라에마스까?

---

09 메시지를 전해 드릴까요?

メッセージをお伝えしましょうか。

멧세-지오 오츠타에 시마쇼-까?

---

10 전화가 왔었다고 전해주세요.

電話があったとお伝え下さい。

뎅와가 앗타토 오츠타에 쿠다사이

---

11 알겠습니다. 메시지를 전해 드리겠습니다.

分かりました。メッセージをお伝えします。

와카리마시타. 멧세-지오 오츠타에 시마스

---

12 오시면 전화를 주셨으면 했습니다.

来られたら電話くださいとのことでした。

코라레타라 뎅와쿠다사이 토노 코토데시타

01 번호가 틀린 것 같습니다만.

番号を間違えたようですが。

방고-오 마치가에타 요-데스가

02 몇 번에 거셨습니까?

何番にかけましたか。

남반니 카케마시타까?

03 죄송합니다, 잘못 걸었습니다.

すみません、番号をかけ間違えました。

스미마센, 방고-오 카케마치가에 마시타

04 판매부에 마쓰모토라는 사람이 있습니다만.

販売部に松本という人がいますが。

함바이부니 마츠모토 토이우 히토가 이마스가

05 죄송합니다, 여기에는 마쓰모토라는 이름을 가진 사람이 없습니다.

すみません、こちらには松本という名の人はいません。

스미마센, 코치라니와 마츠모토토 이우 나노 히토와 이마센

06 실례했습니다. 다시 한 번 전화번호부에서 번호를 찾아보겠습니다.

失礼致しました。もう一度電話帳で番号を調べてみます。

시츠레- 이타시마시타. 모- 이치도 뎅와쵸-데 방고-오 시라베테 미마스

현지에서 찐으로 통하는 회화는 따로 있다

은행&우체국에 관한 표현

가장 많이 쓰이는 회화

은행은 어디에 있습니까?

銀行はどこにありますか。
ぎん こう

여기서 환전해 주시겠어요?

ここで両替してもらえますか。
りょう がえ

현금자동인출기는 어디에 있습니까?

現金自動支払機はどこにありますか。
げん きん じ どう し はら い き

근처에 우체국이 있습니까?

近くに郵便局がありますか。
ちか ゆう びん きょく

01 은행은 어디에 있습니까?

銀行はどこにありますか。

깅코-와 도코니 아리마스까?

---

02 환전 창구는 어디인가요?

両替の窓口はどこですか。

료-가에노 마도구치와 도코데스까?

---

03 여기서 환전해 주시겠어요?

ここで両替してもらえますか。

코코데 료-가에시테 모라에마스까?

---

04 오늘 환율은 어떻게 되지요?

今日の交換レートはどうなっていますか。

쿄-노 코-캉 레-토와 도-낫테 이마스까?

---

05 만엔을 바꿔 주시겠어요?

一万円を両替してもらえますか。

이치망엔오 료-가에시테 모라에마스까?

---

06 예금하고 싶은데요.

預金したいのですが。

요킹시타이노데스가

379

07 구좌를 개설하고 싶은데요.

口座を作りたいのですが。

코-자오 츠쿠리타이노 데스가

---

08 이율은 몇 퍼센트입니까?

利息は何パーセントですか。

리소쿠와 남파-센토데스까?

---

09 현금자동인출기는 어디에 있습니까?

現金自動支払機はどこにありますか。

겡킹 지도-시하라이키와 도코니 아리마스까?

---

10 5만엔을 인출하고 싶은데요.

5万円を引き出したいのですが。

고망엥오 히키다시타이노데스가

---

11 근처에 우체국이 있습니까?

近くに郵便局がありますか。

치카쿠니 유-빙쿄쿠가 아리마스까?

---

12 우표 5장 주세요.

切手を5枚ください。

킷테오 고마이 쿠다사이

13 항공편이라면 얼마나 듭니까?

航空便だといくらかかりますか。

코-쿠-빈다토 이쿠라 카카리마스까?

---

14 이걸 등기로 보내 주세요.

これを書留にしてください。

코레오 카키토메니 시테 쿠다사이

---

15 서울까지 도착하는 데 어느 정도 걸립니까?

ソウルまで着くのにどのくらいかかりますか。

소우루마데 츠쿠노니 도노쿠라이 카카리마스까?

---

16 더 빠른 방법으로 보내고 싶은데요.

もっと速い方法で送りたいんですが。

못토 하야이 호-호-데 오쿠리타인데스가

---

17 발신인 이름과 주소를 어디에 쓰면 됩니까?

発信人の名前と住所はどこに書けばいいですか。

핫신닌노 나마에토 쥬-쇼와 도코니 카케바 이-데스까?

---

18 깨지기 쉬운 물건이 들어있으니까 취급시 주의해주세요.

割物が入っていますので、取扱いに注意してください。

와레모노가 하잇테 이마스노데, 토리아츠카이니 츄-이 시테 쿠다사이

UNIT 03

부동산&관공서에 관한 표현

가장 많이 쓰이는 회화

안녕하세요? 무얼 도와 드릴까요?

こんにちは、どんな御用でしょうか。

아파트 좀 보여주시겠어요?

アパートをちょっと見せていただけますか。

이 일은 어느 분이 담당하십니까?

この事はどなたが担当ですか。

우선 신청부터 하셔야 합니다.

まず、申し込みからしなければなりません。

01 안녕하세요? 무얼 도와 드릴까요?

こんにちは、どんな御用でしょうか。

콘니치와, 돈나 고요-데쇼-까?

02 침실이 두 개인 아파트를 찾고 있습니다.

寝室が二つあるアパートを探しています。

신시츠가 후타츠아루 아파-토오 사가시테이마스

03 어떤 지역에 살고 싶으세요.

どんな地域に住みたいですか。

돈나 치이키니 스미타이 데스까?

04 이 지역의 집값은 얼마나 됩니까?

この地域の家賃はいくらぐらいですか。

코노 치이키노 야칭와 이쿠라구라이 데스까?

05 아파트 좀 보여주시겠어요?

アパートをちょっと見せていただけますか。

아파-토오 춋토 미세테 이타다케마스까?

06 햇볕이 충분히 드는 방을 원합니다.

日当たりの充分な部屋がいいです。

히아타리노 쥬-분나 헤야가 이-데스

07 근처에 전철역이 있습니까?

近くに電鉄の駅がありますか。

치카쿠니 덴테츠노 에키가 아리마스까?

---

08 주차장이 있습니까?

駐車場がありますか。

츄-샤죠-가 아리마스까?

---

09 시설은 어떤가요?

施設はどうですか。

시세츠와 도-데스까?

---

10 쓸만해 보이는데요.

住みやすそうですね。

스미야스 소-데스네

---

11 이 아파트를 임대하겠습니다.

このアパートを借りることにします。

코노 아파-토오 카리루 코토니 시마스

---

12 보증금은 나중에 되돌려 받을 수 있나요?

保証金は後で返してもらえますか。

호쇼-킹와 아토데 카에시테 모라에마스까?

01 이 일은 어느 분이 담당하십니까?

この事はどなたが担当ですか。

코노 코토와 도나타가 탄토-데스까?

---

02 우선 신청부터 하셔야 합니다.

まず、申し込みからしなければなりません。

마즈 모-시코미카라 시나케레바 나리마센

---

03 번호를 받으시고 자리에 앉아서 기다리세요.

番号をお取りになり、座ってお待ち下さい。

방고-오 오토리니나리 스왓테 오마치 쿠다사이

---

04 제가 제출할 자료가 어떤 것이 있나요?

私が提出する資料はどんなのがありますか。

와타시가 테-슈츠 스루 시료-와 돈나노가 아리마스까?

---

05 여기에 서명하시고 날짜를 쓰세요.

ここに署名して、日付を書いて下さい。

코코니 쇼메이시테, 히즈케오 카이테 쿠다사이

---

06 처리가 되면 본인에게 연락드리겠습니다.

処理が出来次第、本人に御連絡致します。

쇼리가 데키시다이 혼닌니 고렌라쿠 이타시마스

385

현지에서 찐으로 통하는 회화는 따로 있다

미용&세탁에 관한 표현

가장 많이 쓰이는 회화

이발과 면도를 부탁합니다.

散髪と髭剃りをお願いします。

어느 정도 짧게 자를까요?

どのくらい短く切りましょうか。

클리닝을 부탁해요.

クリーニングをお願いします。

방까지 가져다 드릴까요?

部屋までお届けしましょうか。

01 **이발과 면도를 부탁합니다.**

散髪と髭剃りをお願いします。

산파츠토 히게소리오 오네가이시마스

02 **이발만 부탁합니다.**

散髪だけお願いします。

산파츠다케 오네가이시마스

03 **어느 정도 짧게 자를까요?**

どのくらい短く切りましょうか。

도노 쿠라이 미지카쿠 키리마쇼-까?

04 **가르마는 어느 쪽으로 할까요?**

分け目はどちらにしましょうか。

와케메와 도치라니 시마쇼-까?

05 **스포츠형으로 해 주세요.**

スポーツ型にしてください。

스포-츠 가타니 시테 쿠다사이

06 **지금과 같은 헤어스타일로 해 주세요.**

今と同じヘアースタイルにしてください。

이마토 오나지 헤아-스타이루니 시테 쿠다사이

07 귀는 보이도록 해 주세요.

耳は見えるようにしてください。

미미와 미에루 요-니 시테 쿠다사이

---

08 앞머리는 그대로 둬 주세요.

前髪はそのままにしてください。

마에가미와 소노 마마니 시테 쿠다사이

---

09 콧수염은 남겨 주세요.

口髭を残してください。

쿠치히게오 노코시테 쿠다사이

---

10 커트입니까, 파마입니까?

カットですか、パーマですか。

캇토데스까, 파-마데스까?

---

11 커트를 해 주세요.

カットしてください。

캇도시테 쿠다사이

---

12 가볍게 파마를 해 주세요.

軽くパーマをかけてください。

카루쿠 파-마오 카케테 쿠다사이

13 헤어스타일을 확 바꾸고 싶습니다.

ヘア-スタイルを思いきって変えたいです。

헤아-스타이루오 오모이킷테 카에타이데스

---

14 지금 유행하는 헤어스타일로 해 주세요.

今流行りのヘアスタイルにしてください。

이마 하야리노 헤아-스타이루니 시테 쿠다사이

---

15 이 스타일로 해 주세요.

このスタイルにしてください。

코노 스타이루니 시테 쿠다사이

---

16 손질이 간편한 머리 모양으로 해 주세요.

手入れが簡単な髪型にしてください。

테이레가 칸탄나 카미가타니 시테 쿠다사이

---

17 염색해 주세요.

ヘアカラ-してください。

헤아카라- 시테 쿠다사이

---

18 샴푸와 세트를 부탁합니다.

シャンプ-とセットをお願いします。

샴부-토 셋토오 오네가이시마스

01 클리닝을 부탁해요.

クリーニングをお願いします。

쿠리-닝구오 오네가이시마스

---

02 세탁에 대해서 묻고 싶은데요.

洗濯についてお尋ねしたいんですが。

센타쿠니 츠이테 오타즈네 시타인데스가

---

03 이 얼룩은 지워질까요?

この染みは取れるでしょうか。

코노 시미와 토레루데쇼-까?

---

04 와이셔츠 3장과 바지가 있습니다.

ワイシャツ3枚とズボンがあります。

와이샤츠 산마이토 즈봉가 아리마스

---

05 내일 아침까지 부탁합니다.

明日の朝までにお願いします。

아시타노 아사마데니 오네가이시마스

---

06 이 바지를 다려 주셨으면 하는데요.

このズボンをプレスしてもらいたいんですが。

코노 즈봉오 푸레스시테 모라이타인데스가

07 가방도 세탁됩니까?

カバンも洗濯出来ますか。

카방모 센타쿠 데키마스까?

---

08 길이를 좀 줄여 주세요.

長さを少し短くして下さい。

나가사오 스코시 미지카쿠 시테쿠다사이

---

09 이 코트를 수선해 주시겠어요?

このコートを直していただけますか。

코노 코-토오 나오시테 이타다케 마스까?

---

10 언제 찾아갈 수 있죠?

いつ出来上がりますか。

이츠 데키아가리 마스까?

---

11 언제 됩니까?

いつ仕上がりますか。

이츠 시아가리마스까?

---

12 방까지 가져다 드릴까요?

部屋までお届けしましょうか。

헤야마데 오토도케 시마쇼-까?

현지에서 찐으로 통하는 회화는 따로 있다

여행표현

PART 12

UNIT 01

현지에서 찐으로 통하는 회화는 따로 있다

기내&입국에 관한 표현

가장 많이 쓰이는 회화

제 자리는 어디입니까?

<ruby>私<rt>わたし</rt></ruby>の<ruby>席<rt>せき</rt></ruby>はどこですか。

탑승권을 보여 주시겠어요?

<ruby>搭乗券<rt>とうじょうけん</rt></ruby>を<ruby>見<rt>み</rt></ruby>せてくださいませんか。

돼지고기, 생선 중 어느 것으로 하겠습니까?

<ruby>豚肉<rt>ぶた にく</rt></ruby>と<ruby>魚<rt>さかな</rt></ruby>のどちらになさいますか。

돼지고기로 주세요.

<ruby>豚肉<rt>ぶた にく</rt></ruby>ください。

394

01 제 자리는 어디입니까?

私の席はどこですか。

와타시노 세키와 도코데스까?

02 탑승권을 보여 주시겠어요?

搭乗券を見せてくださいませんか。

토-죠-켕오 미세테 쿠다사이 마셍까?

03 자리를 바꿔도 되겠습니까?

席を変ってもいいですか。

세키오 카왓테모 이-데스까?

04 미안합니다. 앞을 지나가도 될까요?

すみません、前を通ってもいいですか。

스미마센, 마에오 톳-테모 이-데스까?

05 실례합니다만, 화장실은 어디예요?

すみませんが、トイレはどこですか。

스미마센가, 토이레와 도코데스까?

06 마실 것을 드릴까요?

飲み物はいかがですか。

노미모노와 이카가데스까?

07 어떤 음료가 있나요?

どんな飲み物がありますか。

돈나 노미 모노가 아리마스까?

---

08 주스, 커피, 맥주 등이 있습니다.

ジュース、コーヒー、ビールなどがあります。

쥬-스, 코-히-, 비-루 나도가 아리마스

---

09 그럼, 커피를 주세요.

では、コーヒーをください。

데와, 코-히-오 쿠다사이

---

10 저기요, 맥주 하나 부탁합니다.

すみません、ビール一つお願いします。

스미마셍, 비-루 히토츠 오네가이시마스

---

11 한국어 신문은 있습니까?

韓国語の新聞はありますか。

캉코쿠고노 심붕와 아리마스까?

---

12 식사는 언제 나옵니까?

食事はいつ出ますか。

쇼쿠지와 이츠 데마스까?

13 돼지고기, 생선 중 어느 것으로 하겠습니까?

豚肉と魚のどちらになさいますか。

부타니쿠토 사카나노 도치라니 나사이마스까?

---

14 돼지고기로 주세요.

豚肉ください。

부타니쿠 쿠다사이

---

15 식사는 필요 없습니다.

食事は要りません。

쇼쿠지와 이리마센

---

16 식사를 다 하셨습니까?

食事はもうなされましたか。

쇼쿠지와 모- 나사레마시타까?

---

17 몸이 불편한데 약이 있을까요?

体の具合いが悪いんですが、お薬ありますか。

카라다노 구아이가 와루인데스가, 오쿠스리 아리마스까?

---

18 담요를 더 주시겠어요?

毛布、もう一枚くださいませんか。

모-후 모- 이치마이 쿠다사이마셍까?

01 여권을 보여 주세요.

パスポートを見せてください。

파스포-토오 미세테 쿠다사이

---

02 입국 목적은 무엇입니까?

入国の目的は何ですか。

뉴-코쿠노 모쿠테키와 난데스까?

---

03 관광입니다. / 비즈니스입니다.

観光です。 / ビジネスです。

캉코-데스. / 비지네스데스

---

04 어디에서 숙박하십니까?

どちらに宿泊されますか。

도치라니 슈쿠하쿠 사레마스까?

---

05 어느 정도 머무르실 예정입니까?

どのくらいの滞在予定ですか。

도노 쿠라이노 타이자이 요테이데스까?

---

06 신고할 것은 없습니까?

申告するものはありませんか。

신코쿠스루 모노와 아리마셍까?

01 어디 좋은 호텔을 소개해 주지 않겠어요?

どこかよいホテルを紹介してくれませんか。

도코카 요이 호테루오 쇼-카이시테 쿠레마셍까?

02 도쿄는 어떻게 가면 빠릅니까?

東京にはどう行けば速いですか。

토-쿄-니와 도- 이케바 하야이 데스까?

03 여보세요, 도쿄 안내도를 한 장 부탁합니다.

すみません、東京の案内図を一枚お願いします。

스미마센, 토-쿄-노 안나이즈오 이치마이 오네가이시마스

04 택시 승강장은 어디에 있습니까?

タクシー乗り場はどこにありますか。

타쿠시- 노리바와 도코니 아리마스까?

05 버스 타는 곳은 어디에 있습니까?

バス乗り場はどこにありますか。

바스 노리바와 도코니 아리마스까?

06 죄송하지만 짐을 날라주지 않겠어요?

すみません、荷物を運んでくれませんか。

스미마센, 니모츠오 하콘데 쿠레마셍까?

현지에서 찐으로 통하는 회화는 따로 있다

호텔에 관한 표현

가장 많이 쓰이는 회화

예약을 부탁드리고 싶은데요.

予約をお願いしたいんですが。

몇 박 예정이십니까?

何泊のご予定ですか。

어떤 방을 원하십니까?

どんな部屋をご希望ですか。

조용한 방으로 부탁드립니다.

静かな部屋をお願いします。

01 여보세요, 프린스 호텔입니까?

もしもし、プリンスホテルですか。

모시모시, 푸린스 호테루 데스까?

02 예약을 부탁드리고 싶은데요.

予約をお願いしたいんですが。

요야쿠오 오네가이 시타인데스가

03 오늘 밤, 빈방은 있습니까?

今晩、空き部屋はありますか。

콤방, 아키베야와 아리마스까?

04 몇 박 예정이십니까?

何泊のご予定ですか。

남파쿠노 고요테이 데스까?

05 1박에 얼마입니까?

一泊、いくらですか。

잇파쿠, 이쿠라데스까?

06 더 싼 방은 없습니까?

もっと安い部屋はありませんか。

못토 야스이 헤야와 아리마셍까?

07 어떤 방을 원하십니까?

どんな部屋をご希望ですか。

돈나 헤야오 고키보- 데스까?

---

08 싱글이 좋겠는데요.

シングルがいいんですが。

싱구루가 이인데스가

---

09 조용한 방으로 부탁드립니다.

静かな部屋をお願いします。

시즈카나 헤야오 오네가이시마스

---

10 그럼, 성함을 말씀해 주십시오.

では、お名前をおっしゃってください。

데와, 오나마에오 옷샷테 쿠다사이

---

11 몇 시쯤에 도착하십니까?

何時ごろお着きになりますか。

난지고로 오츠키니 나리마스까?

---

12 4시쯤이 될 것 같습니다.

4時ごろになると思います。

요지고로니 나루토 오모이마스

01 안녕하십니까? 무엇을 도와 드릴까요?

こんにちは、何かお手伝いする事がありますか。

콘니치와. 나니카 오테츠다이 스루코토가 아리마스까?

02 한국어를 할 줄 아는 사람이 있습니까?

韓国語を話せる人はいますか。

캉코쿠고오 하나세루 히토와 이마스까?

03 체크인하고 싶은데요.

チェックインしたいんですが。

첵쿠인 시타인데스가

04 예약을 하셨습니까?

ご予約なさいましたか。

고요야쿠 나사이 마시타까?

05 예약했습니다.

予約しました。

요야쿠 시마시타

06 성함을 말씀해 주십시요.

お名前をおっしゃってください。

오나마에오 옷샷테 쿠다사이

07 여기 예약 확인증 있습니다.

ここに予約確認証があります。

코코니 요야쿠 카쿠닌쇼-가 아리마스

08 이 숙박 카드에 기입해 주십시요.

この宿泊カートに御記入ください。

코노 슈쿠하쿠 카-도니 고키뉴- 쿠다사이

09 여기 방 카드 있습니다.

これが部屋のカードです。

코레가 헤야노 카-도데스

10 식당은 몇 시에 엽니까?

食堂は何時に開きますか。

쇼쿠도-와 난지니 아키마스까?

11 귀중품을 맡아 주겠어요?

貴重品を預かってくれますか。

키쵸-힝오 아즈캇테 쿠레마스까?

12 열쇠를 보관해 주시겠습니까?

鍵を保管してください。

카기오 호칸시테 쿠다사이?

01 룸서비스를 부탁해요.

ルームサービスをお願いします。

루-무사-비스오 오네가이시마스

02 룸서비스입니다. 무슨 일이십니까?

ルームサービスです。どんな御用ですか。

루-무사-비스데스. 돈나 고요-데스까?

03 모닝콜을 부탁해요.

モーニングコールをお願いします。

모-닝구코-루오 오네가이시마스

04 내일 아침 식사를 예약하고 싶습니다.

明日の朝食を予約したいのです。

아시타노 쵸-쇼쿠오 요야쿠 시타이노데스

05 커피를 가져다 주세요.

コーヒーを持って来てください。

코-히-오 못테키테 쿠다사이

06 방 번호를 말씀해 주십시오.

部屋番号をおしゃってください。

헤야 방고-오 옷샷테 쿠다사이

01 방에 열쇠를 놓고 나왔는데요.

部屋に鍵を置き忘れたのですが。

헤야니 카기오 오키와스레타노데스가

---

02 마스터키를 부탁드립니다.

マスターキーをお願いします。

마스타-키-오 오네가이시마스

---

03 화장실 물이 내려가지 않습니다.

トイレの水が流れません。

토이레노 미즈가 나가레마센

---

04 옆방이 시끄러운데요.

隣の部屋が煩いんですが。

토나리노 헤야가 우루사인데스가

---

05 방 텔레비전이 켜지지 않는데요.

部屋のテレビがつかないのですが。

헤야노 텔레비가 츠카나이노데스가

---

06 방이 아직 청소 되어 있지 않습니다.

部屋の掃除がまだしてありません。

헤야노 소-지가 마다시테 아리마센

01 체크아웃을 부탁해요.

チェックアウトをお願いします。

쳇쿠아우토오 오네가이시마스

---

02 오후 늦게 까지 방을 쓸 수 있을까요?

午後遅くまで部屋を使えますか。

고고 오소쿠마데 헤야오 츠카에마스까?

---

03 추가요금은 얼마입니까?

追加料金はいくらですか。

츠이카 료-킹와 이쿠라데스까?

---

04 이것이 청구서입니다.

こちらが請求書です。

코치라가 세-큐-쇼데스

---

05 계산을 부탁합니다.

会計をお願いします。

카이케이오 오네가이시마스

---

06 신용카드(현금)로 하겠습니다.

カード(現金)でお願いします。

카-도(겡킨)데 오네가이시마스

가장 많이 쓰이는 회화

관광안내소는 어디입니까?

かんこうあんないじょ
観光案内所はどこですか。

안녕하세요? 무엇을 도와드릴까요?

なに   てつだ
こんにちは。何をお手伝いしましょうか。

어떤 투어가 있습니까?

どんなツアーがありますか。

하토 버스를 타면 도쿄 구경을 편안하게 할 수 있습니다.

の   とうきょうけんぶつ   らく
はとバスに乗ると東京見物が楽心してできます。

01 관광안내소는 어디입니까?

観光案内所はどこですか。

캉코-안나이죠와 도코데스까?

02 안녕하세요? 무엇을 도와드릴까요?

こんにちは。何をお手伝いしましょうか。

콘니치와 나니오 오테츠다이 시마쇼-카?

03 무료 관광지도를 주시겠어요?

無料の観光地図をいただけますか。

무료-노 캉코-치즈오 이타다케마스까?

04 이 도시에서 볼만한 곳을 가르쳐 주세요.

この町の見所を教えてください。

코노 마치노 미도코로오 오시에테 쿠다사이

05 무엇에 흥미를 가지고 계십니까?

何に興味をお持ちですか。

나니니 쿄미오 오모치데스까?

06 지금 하고 있는 축제가 있습니까?

今している祭りがありますか。

이마시테이루 마츠리가 아리마스까?

07 어떤 투어가 있습니까?

どんなツアーがありますか。

돈나 츠아-가 아리마스까?

---

08 코스를 가르쳐 주세요.

コースを教えてください。

코-스오 오시에테 쿠다사이

---

09 관광버스는 있나요?

観光バスはありますか。

캉코- 바스와 아리마스까?

---

10 택시로 관광하고 싶은데요.

タクシーで観光したいのですが。

타쿠시-데 캉코-시타이노데스가

---

11 한국어를 할 줄 아는 가이드를 부탁하고 싶은데요.

韓国語が話せるガイドを頼みたいのですが。

캉코쿠고가 하나세루 가이도오 타노미 타이노데스가

---

12 요금은 하루에 얼마입니까?

料金は一日いくらですか。

료-킹와 이치니치 이쿠라데스까?

01 관광 버스는 어디서 탈 수 있습니까?

観光バスはどこで乗れますか。

캉코-바스와 도코데 노레마스까?

---

02 도쿄를 한 바퀴 돌고 싶은데요.

東京を一回りしたいんですが。

토-쿄-오 히토마와리 시타인데스가

---

03 하토 버스를 타면 도쿄 구경을 안심하고 할 수 있습니다.

はとバスに乗ると東京見物が楽してできます。

하토바스니 노루토 토-쿄-켐부츠가 라쿠시테 데키마스

---

04 입장료는 얼마입니까?

入場料はいくらですか。

뉴-죠-료-와 이쿠라데스까?

---

05 티켓을 두 장 주세요.

チケットを2枚ください。

치켓토오 니마이 쿠다사이

---

06 출발은 몇 시입니까?

出発は何時ですか。

슛파츠와 난지데스까?

07 오후 3시까지 타십시오.

午後3時までにお乗りください。

고고 산지마데니 오노리 쿠다사이

---

08 몇 시간 걸립니까?

何時間かかりますか。

난지캉 카카리마스까?

---

09 저 건물은 무엇입니까?

あの建物は何ですか。

아노 타테모노와 난데스까?

---

10 어느 정도 오래되었습니까?

どのくらい古いですか。

도노쿠라이 후루이데스까?

---

11 안에 들어갈 수 있습니까?

中に入れますか。

나카니 하이레마스까?

---

12 도쿄에서 가장 높은 빌딩은 무엇입니까?

東京でいちばん高いビルは何ですか。

토-쿄-데 이치방 타카이 비루와 난데스까?

01 **사진 한 장 부탁할 수 있습니까?**

写真、1枚お願いできますか。

샤싱, 이치마이 오네가이 데키마스까?

---

02 **여기서 사진을 찍어도 됩니까?**

ここで写真を撮ってもいいですか。

코코데 샤싱오 톳테모 이-데스까?

---

03 **우리 사진을 찍어 주시지 않겠습니까?**

私達の写真を撮っていただけませんか。

와타시타치노 샤싱오 톳테 이타다케마셍까?

---

04 **이쪽을 보세요.**

こちらを見てください。

코치라오 미테 쿠다사이

---

05 **네, 찍습니다. 치즈.**

はい、撮ります。チ─ス。

하이, 토리마스. 치-즈

---

06 **예쁘게 찍어 주세요.**

きれいに撮ってください。

키레이니 톳테 쿠다사이

413

현지에서 찐으로 통하는 회화는 따로 있다

여행 트러블에 관한 표현

가장 많이 쓰이는 회화

한국어를 하는 분은 없습니까?

韓国語が出来る方はいませんか。

다시 한 번 말해 주세요.

もう一度言ってください。

여권을 잃어버렸습니다.

パスポートを無くしました。

찾으면 연락드리겠습니다.

見つかったら連絡します。

01 한국어를 하는 분은 없습니까?

韓国語が出来る方はいませんか。

캉코쿠고가 데키루 카타와 이마셍까?

---

02 일본어는 하지 못합니다.

日本語はできません。

니홍고와 데키마센

---

03 다시 한 번 말해 주세요.

もう一度言ってください。

모- 이치도 잇테 쿠다사이

---

04 천천히 말씀해 주시겠습니까?

ゆっくり話していただけますか。

육쿠리 하나시테 이타다케마스까?

---

05 일본어로 어떻게 말하는지 모르겠습니다.

日本語でどう言うか分かりません。

니홍고데 도- 이우카 와카리마센

---

06 이것은 일본어로 뭐라고 합니까?

これは日本語で何と言いますか。

코레와 니홍고데 난토이-마스까?

415

01 경찰을 불러 주세요.

警察を呼んでください。

케-사츠오 욘데 쿠다사이

---

02 도난신고를 하고 싶습니다.

盗難届けをしたいのですが。

토-난 토도케오 시타이노 데스가

---

03 가방을 도난당했습니다.

バッグを盗まれました。

박구오 누스마레마시타

---

04 여권을 잃어버렸습니다.

パスポートを無くしました。

파스포-토오 나쿠시마시타

---

05 떻게 하면 좋을까요?

どうしたらいいでしょうか。

도-시타라 이-데쇼-까?

---

06 유실물 담당은 어디입니까?

遺失物係はどこですか。

이시츠부츠 가카리와 도코데스까?

07 무엇이 들어있었습니까?

<ruby>何<rt>なに</rt></ruby>が<ruby>入<rt>はい</rt></ruby>っていましたか。

나니가 하잇테 이마시타까?

---

08 이 서류에 기입해 주세요.

この<ruby>書類<rt>しょるい</rt></ruby>に<ruby>記入<rt>きにゅう</rt></ruby>してください。

코노 쇼루이니 키뉴-시테 쿠다사이

---

09 한국대사관은 어디입니까?

<ruby>韓国大使館<rt>かんこくたいしかん</rt></ruby>はどこですか。

캉코쿠 타이시캉와 도코데스까?

---

10 한국어를 할 줄 아는 담당자를 불러 주세요.

<ruby>韓国語<rt>かんこくご</rt></ruby>が<ruby>出来<rt>でき</rt></ruby>る<ruby>係員<rt>かかりいん</rt></ruby>を<ruby>呼<rt>よ</rt></ruby>んでください。

캉코쿠고가 데키루 카카리잉오 욘데 쿠다사이

---

11 카드를 무효화 해 주세요.

カードを<ruby>無効<rt>むこう</rt></ruby>にしてください。

카-도오 무코-니 시테 쿠다사이

---

12 찾으면 연락드리겠습니다.

<ruby>見<rt>み</rt></ruby>つかったら<ruby>連絡<rt>れんらく</rt></ruby>します。

미츠캇타라 렝라쿠 시마스

현지에서 찐으로 통하는 회화는 따로 있다

귀국에 관한 표현

가장 많이 쓰이는 회화

항공권을 보겠습니다.

こう くう けん　　はいけんいた
航空券を拝見致します。

네, 여기있습니다.

はい、これです。

규정 중량을 초과했습니다.

き ていじゅうりょう　　こ
規定重量を越えています。

이건 기내로 가지고 들어 갈 수 있습니까?

き ない　　も こ
これは機内に持ち込めますか。

01 예약 재확인을 하고 싶은데요.

予約の再確認をしたいんですが。

요야쿠노 사이카쿠닝오 시타인데스가

02 항공권은 가지고 계십니까?

航空券をお持ちですか。

코-쿠-켕오 오모치데스까?

03 일정을 변경하고 싶은데요.

日程を変更したいんですが。

닛테이오 헹코-시타인데스가

04 오후 비행기로 변경하고 싶습니다.

午後の飛行機に変更したいです。

고고노 히코-키니 헹코- 시타이데스

05 미안합니다. 그 편은 다 찼습니다.

すみません。その便は満席です。

스미마센. 소노 빙와 만세키데스

06 해약 대기는 몇 명 정도입니까?

キャンセル待ちは何人ぐらいですか。

칸세루마치와 난닝구라이 데스까?

01 공항까지 부탁합니다.

空港までお願いします。

쿠-코-마데 오네가이시마스

---

02 어느 공항입니까?

どちらの空港ですか。

도치라노 쿠-코- 데스까?

---

03 나리타 공항까지 부탁합니다.

成田空港までお願いします。

나리타 쿠-코-마데 오네가이시마스

---

04 짐은 몇 개 입니까?

荷物はいくつですか。

니모츠와 이쿠츠데스까?

---

05 3개입니다. 큰 것은 트렁크에 넣어 주세요.

三つです。大きいのはトランクに入れてください。

밋츠데스. 오-키-노와 토랑쿠니 이레테 쿠다사이

---

06 공항까지 어느 정도 시간이 걸립니까?

空港までどのくらい時間がかかりますか。

쿠-코-마데 도노쿠라이 지캉가 카카리마스까?

01 항공권을 보겠습니다.

航空券を拝見致します。

코-쿠-켕오 하이켕 이타시마스

02 네, 여기있습니다.

はい、これです。

하이, 코레데스

03 창가 자리로 부탁합니다.

窓側にお願いします。

마도가와니 오네가이시마스

04 일행과 같이 앉아서 갈 수 있게 부탁드립니다.

一行と一緒に座れるようお願いします。

익코-토 잇쇼니 스와레루요- 오네가이시마스

05 이건 기내로 가지고 들어 갈 수 있습니까?

これは機内に持ち込めますか。

코레와 키나이니 모치코메마스까?

06 규정 중량을 초과했습니다.

規定重量を越えています。

키테이 쥬-료-오 코에테 이마스

01 자리를 찾고 있습니다.

席を探しています。

세키오 사가시테 이마스

---

02 30A번 좌석이 어디입니까?

30のAの座席はどこですか。

산쥬-노 에이노 자세키와 도코데스까?

---

03 저쪽 창가 자리입니다.

こちらの窓側の席です。

코치라노 마도가와노 세키데스

---

04 여보세요!

すみません!

스미마센!

---

05 뜨거운 물이 마시고 싶은데요.

お湯が飲みたいんですが。

오유가 노미타인데스가

---

06 입국카드는 가지고 계십니까?

入国カードはお持ちですか。

뉴-코쿠 카-도와 오모치데스까?

07 아니요. 입국카드를 부탁드립니다.

いいえ、入国カードをお願いします。

이-에, 뉴-코쿠 카-도오 오네가이시마스

08 작성법을 알려주세요.

作成方法を教えてください。

사쿠세이 호-호-오 오시에테 쿠다사이

09 펜 좀 빌릴 수 있을까요?

ペンを借りられますか。

펭오 카리라레마스까?

10 세관신고서를 부탁합니다.

税関申告書をお願いします。

제-칸 신코쿠쇼오 오네가이시마스

11 인천에 언제 도착합니까?

仁川にいつ到着しますか。

인쵼니 이츠 도-챠쿠 시마스까?

12 제 시간에 도착합니까?

予定の時間に到着します。

요테이노 지칸니 토-챠쿠 시마스?

현지에서 찐으로 통하는 일본어회화

1판 2쇄 발행 2023년 9월 5일

엮은이 일본어교재연구원
펴낸이 윤다시
펴낸곳 도서출판 예가

주 소 서울시 영등포구 영신로 45길 2
전 화 02-2633-5462   팩스 02-2633-5463
이메일 yegabook@hanmail.net   블로그 http://blog.naver.com/yegabook
등록번호 제 8-216호

ISBN 978-89-7567-640-6 13730